JOSÉ ANTONIO RUFINO COLLADO

DEMOCRACIA

UMA PROPOSTA DE MUDANÇA

Porto de Idéias
EDITORA

São Paulo, 2015

Democracia: uma proposta de mudança
José Antonio Rufino Collado

Editor
Sebastião Haroldo de Freitas Corrêa Porto

Coordenação editorial
Silvana Pereira de Oliveira

Projeto gráfico
Otávio Silva

Capa
Priscila Justina | Pi Laboratório Editorial
Sobre fotografia de Hans Braxmeier

Dados Internacionais de Catalogação na Publicação (CIP)
(Câmara Brasileira do Livro, SP, Brasil)

Rufino Collado, José Antonio
Democracia : uma proposta de mudança /
José Antonio Rufino Collado. -- São Paulo :
Porto de Idéias, 2015.
ISBN 978-85-8061-086-4
1. Brasil - Política e governo 2. Democracia
3. Democracia - Brasil I. Título.

15-07927 CDD-321.8

Índices para catálogo sistemático:
1. Democracia : Ciências políticas 321.8

EDITORA PORTO DE IDÉIAS LTDA.
Rua Perdões, 101 – Aclimação
São Paulo – SP – 01529.030
Fone (11) 3884-3814
www.portodeideias.com.br

De tanto ver triunfar as nulidades, de tanto ver prosperar a desonra, de tanto ver crescer a injustiça, de tanto ver agigantarem-se os poderes nas mãos dos maus, o homem chega a desanimar da virtude, a rir-se da honra, a ter vergonha de ser honesto.

Rui Barbosa

AGRADECIMENTOS

Agradeço a Deus pela vida e por ter permitido minha inspiração para converter em palavra minhas reflexões.

A meus pais, Antonio Miguel Rufino Lopez e Maria Concepcion Collado Jimenez (*in memoriam*), que com amor, carinho e dedicação me criaram e educaram com princípios e valores para uma vida honesta e voltada para o bem.

A minha mulher Antonia Aparecida Munhoz Rufino (minha Sara); meus filhos Antonio Henrique Munhoz Rufino e José Guilherme Munhoz Rufino; minhas irmãs Maria Del Carmen e Encarnação; meus sobrinhos Victor, Paulo e Cintia, que me ouviram inúmeras e repetidas vezes falar sobre o mesmo assunto e com suas críticas e sugestões contribuíram em muito para o aperfeiçoamento desta obra; aos amigos Patrícia Midori, Vicente Campos e Claudia, que foram fundamentais para que se transformasse em livro os meus pensamentos, e aos demais familiares e amigos: Josi, Thais, Alexandre, Zé Vargas, Regina, Fernando, Fábio, Sheillinha, Nilza, Joãozinho, Munhoz, Nilza, Flávia, Roberta, Valéria e Sebastião.

A todos que me ouviram e me incentivaram a dar continuidade para apresentar esta obra que dedico à humanidade no intuito e esperança de um futuro melhor.

SUMÁRIO

Prefácio 9

Introdução 11

É preciso mudar 15

Uma releitura necessária da democracia 19

- Afinal, o que é política? 19
- Formas de Governo 22

Democracia, realidade ou ilusão? 25

Devaneios 32

Proposta de Reforma Política e Administrativa 34

- Confiança, princípios e valores 34

Carreira política como profissão, por que não? 37

Poderes de Estado 41

- Proposta para o Poder Executivo 42
- Proposta para o Poder Legislativo 47
- Proposta para o Poder Judiciário 52
- Partidos Políticos 58
- Conselhos Administrativos 61

Cartão Geral de Pessoa Física 63

Proposta para a Educação 69

Proposta para a Saúde 77

Proposta para o Trabalho 83

Proposta para a Habitação 89

Conclusão 92

PREFÁCIO

Entre os livros que tratam da Ciência Política, faltava-nos um que, inspirando-se na vivência e na prática, formulasse certos princípios fecundos para uma renovação integral.

José Antonio nos presenteia com uma visão diferente da política até hoje vivida em todos os cenários.

O autor facilita a compreensão, demonstrando de forma simples as soluções que propõe para algo que parece complexo.

Desde que começamos a entender e a nos interessar pelo assunto, o víamos como alguém que se apresentava com ideias além do seu tempo, nos transmitindo ensinamentos com citações, exemplos e intenções progressistas sempre visando o bem do próximo e de todos em geral.

Neste livro, ele conseguiu alcançar plenamente seu objetivo de transmitir, com uma linguagem clara e sintética, novos rumos para a política, elucidando um caminho possível a ser trilhado.

Convidamos o leitor a percorrer as páginas deste livro e renovar o seu conceito sobre uma forma honesta, justa e correta de adotar uma nova política.

Embora o autor já tenha exercido cargos políticos, não tem tendências de direita ou de esquerda, portanto, sente-se livre para deixar sua proposta ou, quem sabe, uma reflexão que venha se somar a esforços de pessoas que já lutam por um futuro mais justo.

Na experiência passada, ele teve a oportunidade de vivenciar o modelo político do qual fazemos parte e que, infelizmente, até hoje nunca deu certo, por isso sua iniciativa em propagar o que residia no âmago de seu coração.

Como ele sempre nos diz em nossos momentos informais de convívio familiar "*Esta é uma obra que dedico à humanidade, para que as futuras gerações tenham uma vida melhor, mais justa e fraternal".*

Deixamos esta mensagem e saímos de cena para que o caríssimo leitor tome conhecimento de uma proposta diferente, pura e sincera, que apresenta uma caminhada em direção a novos rumos.

Antonio Henrique Munhoz Rufino
José Guilherme Munhoz Rufino

INTRODUÇÃO

Após muitos anos de pesquisas e vivência no contexto político, tomo a iniciativa de escrever este livro, que vem substanciar o meu objetivo e propósito de contribuir e participar ativamente na busca de melhores condições de vida para os meus semelhantes.

Talvez seja audácia de minha parte, alguns dirão que se trata de afronta e atrevimento propor uma reforma para um regime que está sedimentado há anos, como é o caso do "Regime Democrático", o "Governo do povo para o povo", criado na Grécia Antiga como alternativa à tirania instalada na época.

Quando pesquisamos sobre a história da democracia e nos aprofundamos no assunto, chegamos à conclusão de que os resultados nos mostram um emaranhado de desvios dos objetivos primeiros.

Onde está o governo do povo para o povo? Onde estão "os defensores dos direitos e da igualdade entre todos"?

Podemos dizer que é inerente ao ser humano a busca por melhores condições de vida, pois todo indivíduo almeja dignidade, respeito, igualdade e uma liderança digna.

A proposta é o despertar para um novo cenário político-administrativo.

Quando uma ideia inédita é lançada, contestando algo que faz parte do dia a dia do povo, a primeira reação é negá-la, visto ser algo contrário ao aceito pela maioria.

Felizmente, sempre desponta alguém que analisa o novo, aceita a proposição ou sugere mudanças apresentando melhorias ou oportunidades para discussão e, com o passar do tempo, o que era uma utopia, ficção, até mesmo "maluquice", passa a ser estudado, analisado, discutido e se torna realidade.

Mudanças exigem coragem e ousadia.

Mais que ousadia, o que tem me impulsionado nos últimos anos a idealizar esta proposta é o fato de, há décadas, assistir ao desgaste, à desmoralização e ao descrédito da tão bajulada, defendida e difundida Democracia, que muitos insistem em querer convencer a todos de que só possui qualidades e benefícios. Atrevo-me a afirmar que esta não é uma verdade, nem relativa, quanto mais absoluta.

Vivemos em um mundo onde nada é estático, tudo é relativo e renovável. Assim também é o conhecimento, e em nome da verdade e do bem comum da humanidade apresento uma proposta destemida, mas responsável, em busca do bem-estar para todos.

Nesta obra, demonstro que simples ações, desde que sustentadas na competência e comprometimento dos envolvidos, são capazes de proporcionar uma vida melhor em igualdade de condições para as futuras gerações, na qual a verdadeira transparência será a mola mestra, e todos gozarão de respeito com a valorização contínua.

Antes de detalhar esta proposta, que prevê um futuro de esperança para o povo, pretendo, de forma simples, apresentar minha visão sobre a política e o regime democrático que tem se apresentado como a máxima que encerra uma verdade indiscutível, mas que, na realidade, é uma forma de governar que deve ser melhor analisada e exaustivamente discutida.

> "Quando você perceber que, para produzir, precisa obter a autorização de quem não produz nada; quando comprovar que o dinheiro flui para quem negocia não com bens, mas com favores; quando perceber que muitos ficam ricos pelo suborno e por influência, mais que pelo trabalho, e que as leis não nos protegem deles, mas, pelo contrário, são eles que estão protegidos de você; quando perceber que a

> corrupção é recompensada, e a honestidade se converte em autossacrifício; então poderá afirmar, sem medo de errar, que sua sociedade está condenada."
>
> Ayn Rand, escritora, dramaturga e filósofa norte-americana de origem judaico-russa.

É grande a semelhança de sentimentos entre a citação e o que expressa grande parte da população no cenário atual.

Não podemos continuar nos desenvolvendo a passos lentos sob a sombra de uma democracia que respira por aparelhos.

Enquanto tivermos uma classe política medíocre, incompetente, despreparada e, de modo geral, sem envergadura moral, não haverá um governo que resolva os problemas da sociedade.

Sei que muitos não mais acreditam na igualdade social, sem altos impostos, sem corruptos e corruptores espalhados de norte a sul, de leste a oeste, sem pobreza, sem medo de sair às ruas, sem impunidade, sem preconceito e com a população alfabetizada, saudável e repleta de oportunidades.

É possível mudar!

Desde que paremos de buscar soluções nas formas erradas e deixemos de pensar que nada temos a ver com isso.

Sonhos não são somente ilusões e devaneios. Sonhos podem ser também o começo de grandes realizações.

Em alguns trechos deste livro comentarei que tenho a consciência de que as breves propostas com sugestões de reforma, sobretudo nas áreas mais críticas, serão consideradas por muitos como fantasioso, utópico, inexequível, inviável. Não me importo com isso. O que não quero é fazer parte do grupo de derrotistas que reclamam, reclamam, apontam problemas, erros, distorções, injustiças, que realmente são muitos e graves, no entanto nada fazem para mudar.

A proposta é fazer valer os nossos direitos e mudar para que tenhamos um sistema de saúde eficiente e justo, uma educação de qualidade acessível a todos, moradia digna, ocupação, enfim, por uma verdadeira justiça social, estribada em valores que, se sedimentados, permitirão que tenhamos um cenário político coerente, no qual a corrupção, a multiplicidade de partidos, as alianças partidárias, os desvios de bens e recursos públicos, e outros desvios da qualidade política ficarão preteridos pela conduta de uma moral elevada.

Se o leitor estiver de acordo que temos problemas graves, de raízes profundas, mas que as soluções são possíveis e talvez menos complicadas do que imaginamos, meu objetivo terá sido atingido.

Se o leitor chegar ao final deste livro e, em seu interior tiver aumentado ou reacendido o pequeno lume de esperança por dias melhores, com um país próspero, justo e fraterno, meu contentamento será sem igual.

Deixo no decorrer das páginas a seguir uma singela contribuição para a ordem e o progresso deste país.

É PRECISO MUDAR

Todas as vezes que se propõe alguma mudança de regime de governo ou da forma de comandar uma nação, a primeira ideia que se apresenta é a de que haverá uma revolução armada para se tomar o poder.

Nesta proposta, nada disso será necessário, pois sua essência não está atrelada à luta armada, mas sim a uma conscientização de valores que estarão sedimentados nos alicerces do bem.

A finalidade ao apresentar novas ideias neste livro é proporcionar uma renovação, com uma revolução democrática do bem, com propostas para uma verdadeira reforma político-administrativa, de forma responsável.

O foco estará direcionado para os que comunguem dos mesmos ideais ou de propostas que se assemelhem, e a intenção é multiplicar a comunhão de pensamentos, na qual a escolha, pelo voto direto, livre e consciente, permitirá o início de uma mudança na forma de governar.

A proposta para implantação dessa reforma política e administrativa baseia-se no equilíbrio entre o bom e o ideal, com o bem-estar presente em todos os segmentos da sociedade.

Toda mudança requer esforço brutal, mas quando os frutos dos primeiros resultados são vislumbrados, a esperança por dias melhores se faz presente, o progresso passa a ser uma constante e todos, satisfeitos, usufruem da renovação implantada.

Partilhando do mesmo propósito, o povo unido poderá se preparar para a eleição de verdadeiros representantes de seus anseios na qual elegeremos pessoas aptas, comprometidas, capacitadas, preparadas para o cargo e que acreditem nesta proposta de mudança.

Em conjunto com outros grupos da sociedade, que estarão congregando dos mesmos ideais e objetivos, poderemos implantar as mudanças sem luta armada, sem violência e sem Golpe de Estado, simplesmente seremos apoiados pela maioria, que terá compreendido que o bem sempre resiste e vence as barreiras impostas por seus opositores.

A reforma proposta extingue a mentira, a falsidade, a inveja, a ânsia pelo poder, e os desvios de conduta residirão em um passado distante.

É sabido que o modelo atual permite elegermos representantes capazes e do bem, porém, sabemos também da dificuldade que há nisso, uma vez que a democracia encontra-se contaminada pelos vícios que o modelo vigente impõe. Portanto, vamos mudar o conceito da qualidade de vida em sociedade, de modo que os direitos e deveres caminhem juntos, em equilíbrio, sem os privilégios e regalias tão ostentados nos dias atuais.

Os cidadãos passarão a pensar com mais rigor, porque terão um novo conceito de valores para decidirem entre o processo político atual e a nova forma apresentada para o bem-estar do povo. Todos contribuirão para que se crie um modelo no qual todos tenham condições de viver melhor, com participação justa, distribuição de renda efetiva sem prejudicar aqueles que tenham uma situação financeira melhor que os demais. Não é eliminando os ricos que vamos banir a pobreza. Como disse Abraham Lincoln: "Mas se dermos oportunidades a todas as pessoas que ganhem, todos poderão viver melhor".

A proposta não é abolir o capitalismo, mas também não é defender um capitalismo selvagem que o próprio capitalista não quer mais. Também não é apoiar a falsidade de um comunismo, dizendo que todos vão viver em igualdade de condições. Sabe-se que em tal regime quem manda são aqueles que detêm o poder, e a riqueza pertence a poucos que fazem parte de um agrupamento chamado "partido".

Não é isso que se propõe. Não se defende um socialismo no qual se diz existir uma distribuição justa de renda com participação da população, pois isso também não é verdade.

Esta proposta está estribada no bem da sociedade como um todo, portanto, as pessoas que realmente tiverem interesse por uma vida digna, sem subtrair as riquezas das pessoas que as conseguiram, estarão cooperando para um avanço em direção ao bem-estar geral.

Não é possível igualar as condições de vida de uma população despojando os que têm mais e dividindo com os que têm menos. Quem tem mais, ou é porque herdou, porque conquistou, porque trabalhou, ou porque soube direcionar o sentido próspero da poupança. Não podemos admitir que se tire de quem tem para suprir aquele que nada tem.

O que se propõe é que se criem condições para que todos possam conquistar o seu quinhão conforme a sua necessidade e capacidade.

É evidente que aquele que trabalhar mais, usar de estratégias em seus negócios, criar prosperidade com suas economias, certamente irá conquistar a riqueza.

Aquele que já nasceu abastado, certamente tudo fará para aumentar o seu patrimônio sem se preocupar em ter que dividir.

A oportunidade deve ser igual para todos, quem nada tem, deve ter a possibilidade e condição de conquistar o seu quinhão, esforçando-se para atingir o seu objetivo.

Os idealistas devem estar ávidos por uma revisão nas leis, tentando em nome da verdade e da realidade trabalharem para a construção de um mundo melhor em defesa do bem comum.

Contestando sem medo e indicando possibilidades de combate aos que dificultam o bem-estar da humanidade, a proposta é de uma mudança estribada na busca da verdade e da prosperidade para todos.

Mais adiante, no decorrer dos próximos capítulos, será descrita com mais detalhes a Proposta de Reforma Política e Administrativa. Sem qualquer arruaça, a proposta prevê soluções possíveis para que um novo horizonte se estabeleça no cenário político brasileiro, e, quiçá, mundial, despertando a sociedade para os valores éticos e morais, pois reformar é preciso e possível.

O futuro é agora.

UMA RELEITURA NECESSÁRIA DA DEMOCRACIA

AFINAL, O QUE É POLÍTICA?

Antes de nos aprofundarmos no conteúdo da Proposta de Reforma, vamos nos envolver um pouco mais com esse elemento que, gostemos ou não, tem um papel fundamental no dia a dia de nossas vidas e em todo o nosso meio social: a política.

Na definição teórica, é a arte ou a ciência de governar; no sentido figurado, é a astúcia no processo de obtenção de alguma coisa, habilidade ao relacionar-se com os outros, tendo em vista a obtenção de resultados desejados, mas, na prática, o que realmente é a política?

O primeiro conceito é aquele exposto em *A Ética*, de Aristóteles. Segundo o filósofo, é a ciência que tem por objeto a felicidade humana, o bem supremo, através das formas de governo e instituições, capazes de assegurar uma vida feliz ao cidadão. Por isso mesmo, a política situa-se no âmbito das ciências práticas, ou seja, as ciências que buscam o conhecimento como meio para ação.

Teoricamente perfeita na concepção grega, nos dias atuais podemos dizer que o termo "política" significa a ciência da organização, direção e administração das nações com todos os procedimentos relativos à sociedade, comunidade e coletividade, exercida por atividades dos cidadãos que se ocupam dos assuntos públicos, os quais denominamos políticos.

A política é por natureza a prática individual ou coletiva que visa defender interesses pessoais ou coletivos.

O político por sua vez pode ser definido como o indivíduo ativo na política de um grupo social. Pode ser formalmente reconhecido como membro ativo de um governo, de um partido, ou uma pessoa que influencia a maneira como a sociedade é governada por meio de conhecimentos sobre o poder político e a dinâmica de grupo. Essa definição inclui pessoas que estão em cargos de decisão no governo e também pessoas que almejam esses cargos, seja por eleição, indicação ou nomeação.

Historicamente, a política foi considerada uma profissão honrada. Atualmente, as pessoas têm opiniões negativas a respeito dos políticos como uma classe profissional. Muitas vezes, são considerados como pessoas inescrupulosas, que fazem promessas que nunca se cumprem; são acusados de desvios de verbas públicas em benefício próprio, esquecendo-se do seu compromisso com o povo. Esses desvirtuamentos revelam os casos de corrupção nesse meio.

Outro desvio de conduta que se tornou frequente nos políticos é o conjunto de fatos que demonstra a falta de preparo e de compromisso com a coisa pública, a incapacidade de exercer o cargo para o qual foi eleito, indicado ou nomeado, e, mesmo assim, lá estão fazendo as mazelas que todos sabemos, ouvimos e criticamos. O atual cenário político demonstra que a maioria de seus ocupantes é ineficiente, incompetente e incapaz de exercer o cargo ou função que ocupa. Muitos não possuem formação escolar adequada, experiências que os qualifiquem para o cargo que ocupam, e ainda assim assumem responsabilidades em áreas de gestão, direção, gerência, chefia e de tomada de decisões que exigem conhecimentos específicos em economia, finanças e administração pública.

Mesmo sem qualificação assumem postos importantes, com salários e benefícios significativos, ora porque se sujeitam a cumprir o que lhes é determinado, independentemente de ser certo ou errado, ora porque são bons articuladores e capazes de arregimentar seguidores, ou seja, basta ser amigo dos que comandam para se dar bem.

É demais!

Em nosso país, são considerados pelo povo como corruptos e ladrões do dinheiro público porque colaboram ou contribuem para o desvio de verba, superfaturamento de obras, licitações fraudulentas e muitas outras mazelas. No entanto, o político brasileiro é muito bem-remunerado.

É realidade incontestável que a maioria das pessoas são do bem, honestas e apoiam ideias que visam ao bem-estar e melhores condições de vida para todos, além do progresso da nação.

Muitos políticos também são do bem, visam o bem-estar das pessoas, melhores condições de vida para todos e o progresso da nação. No entanto, quando assumem suas funções, não conseguem colocar em prática suas ideias, pretensões ou convicções, uns por falta de preparo, outros por falta de inteligência e outros, ainda, porque seus compromissos partidários não permitem, deixando de cumprir com as suas intenções.

Alguns se esquecem dos seus princípios e se juntam àqueles que só pensam em se dar bem. Ou se juntam aos pares ou estão fora do esquema!

Essas e muitas outras críticas feitas à política e aos políticos têm como base a realidade e o atual cenário, pois os conchavos, acordos, alianças e comprometimentos partidários permitem os atalhos que podem levar toda uma nação ao descrédito e, consequentemente, ao fracasso.

Não podemos apenas criticar, é preciso propor soluções factíveis para que o regime e sistema vigentes possam ser reformulados.

Esse é o propósito, pois inovar é preciso e, com políticos capacitados, idôneos e comprometidos com o povo, certamente os resultados serão muito mais satisfatórios.

Acreditemos nisso!

FORMAS DE GOVERNO

> "A corrupção pode ser idêntica em todas as formas de governo; o principal não é o regime em si, mas a virtude na execução dele".
>
> François Fenelón, poeta e escritor.

Sem querer aprofundar nos detalhes sobre as teorias das muitas formas de governo já estabelecidas, neste capítulo o objetivo é mostrar que, desde o momento em que o pensamento político esteve presente na História, sempre houve uma preocupação em torno do exercício do poder.

Desde a Antiguidade existem três formas clássicas de governo: o governo de um só, o de poucos e o de todos, ou seja, monarquia, oligarquia e democracia.

Heródoto, o grande historiador grego, induzia à discussão expondo noções populares de sabedoria, uma vez que era uma constante do mundo grego os governos não conseguirem manter o poder, sendo substituídos por outros. Ele questionava como poderia ser um governo bem instituído, o domínio de um só, se ele mesmo pode fazer o que quiser sem dar satisfação a ninguém? O monarca tende a tornar-se um tirano.

Por outro lado, o governo do povo, no qual todos são iguais, tende a se degenerar e a se tornar excessivamente demagógico. Se ao evitar a monarquia escapamos da submissão de um tirano; na democracia, se a maioria se apresentar como uma massa inepta, obtusa e prepotente, poderemos ser submetidos a uma tirania ainda pior.

Segundo Heródoto, seria então melhor entregar o poder a um grupo de homens escolhidos dentre os melhores.

Em *A República*, Platão colocava acima dessa classificação o Estado perfeito, a aristocracia ou o governo dos filósofos.

Essa classificação foi repetida por Aristóteles, seu discípulo, reconhecido como o fundador do pensamento e da Ciência Política que dividiu as formas de governo da seguinte maneira:

- Formas puras: são as que levam em consideração o critério ético, e o principal objetivo é o bem comum. São elas:
  Monarquia: governo de um só no interesse geral.
  Aristocracia: governo de uma classe restrita no interesse geral.
  Democracia: governo da maioria ou do povo no interesse geral.

- Formas impuras: são degenerações das formas anteriores, nas quais prevalecem os interesses privados e pessoais.

  Tirania: governo de um no interesse pessoal.
  Oligarquia: governo de poucos no próprio interesse ou de um grupo social.
  Demagogia ou politeia: governo exercido pela maioria para oprimir a minoria, no qual há tentativas revolucionárias em nome da ordem pelas multidões rudes.
  Teocracia: governo no qual o poder está submetido às normas de uma religião.

Com Maquiavel, filósofo florentino, consagrado como fundador da ciência política moderna, a classificação grega das formas clássicas de governo foi substituída por uma divisão dualista, na qual não há classificação das formas em boas e más, porém o que as caracterizam é a sua estabilidade.

Assim, passam a ser classificadas em:

- Monarquia, que é a forma de governo em que apenas uma pessoa exerce o poder político do Estado, podendo variar em três tipos: monarquia absoluta; monarquia constitucional e monarquia parlamentarista.
- República, que é forma de governo em que a chefia do Estado é exercida por um presidente eleito direta ou indiretamente, podendo variar em república aristocrática ou democrática, cujos sistemas variam em parlamentarista, presidencialista ou comunista.

Passado tanto tempo, ainda hoje persiste a pergunta formulada em todos os tempos sobre qual seria a melhor forma de governo.

A experiência ainda não nos trouxe essa resposta, mas a reflexão política nos faz acreditar que ainda temos muito a conquistar, e a melhor forma de governo deve ser aquela que favorece a realização das potencialidades humanas e, principalmente, aquela que não se degenera e nem é destruída pelo tempo.

DEMOCRACIA, REALIDADE OU ILUSÃO?

> "A democracia representa na vastidão dos séculos um sonho acalentado pela humanidade, transmitido de geração em geração através dos tempos, e assinalando a marcha para a liberdade, a tolerância e a justiça social. O homem, livre e entusiasta, constrói a felicidade e a vida, no esplendor da convivência democrática, com um sentimento de liberdade e de alegre confiança no futuro."
>
> Luiz Pinto Ferreira, advogado, político e escritor brasileiro.

A definição básica de democracia, na sua forma mais pura, vem do termo grego *demokratía* (*demos* = povo e *kratía* = força, poder), ou seja, o "poder do povo".

Antes de chegar ao idioma português, a palavra passou pelo latim, "*democratia*", e também pelo francês "*démocratie*".

Atualmente, podemos dizer que democracia é o "governo do povo para o povo".

Teoricamente é a forma de governo em que a soberania é exercida pelo povo e todas as decisões importantes, dentro do contexto político, pertencem a ele também, que elege seus representantes pelo voto.

É um regime de governo que pode existir no sistema presidencialista, sendo o presidente o maior representante eleito pelo povo; no sistema parlamentarista, o presidente é eleito pelo povo, porém é o primeiro-ministro quem toma as principais decisões políticas.

Embora existam algumas diferenças nas muitas democracias espalhadas pelo mundo, certos princípios e práticas distinguem o governo democrático de outras formas de governo.

Os principais fins para os quais se estabelece um governo democrático são a proteção e a promoção dos direitos, interesses e bem-estar das pessoas, como os direitos humanos, liberdade de expressão, liberdade de culto religioso, proteção legal, participação na vida política, econômica e cultural da sociedade.

Enfim, todos os cidadãos têm seus direitos expressos e os deveres de participação no sistema político que protege seus direitos e sua liberdade.

A Comissão das Nações Unidas recomenda uma série de medidas legislativas, institucionais e de práticas importantes que visam fortalecer a democracia, tendo os seguintes elementos como essenciais à sua conservação:

- Respeito dos direitos humanos e das liberdades fundamentais.
- Liberdade de associação.
- Liberdade de expressão e de opinião.
- Acesso ao poder e ao seu exercício, de acordo com o estado de direito.
- Realização de eleições livres, honestas e periódicas por sufrágio universal e voto secreto, reflexo da expressão da vontade do povo.
- Um sistema pluralista de partidos e organizações políticas.
- Separação de poderes.
- Independência da justiça.
- Transparência e responsabilidade da administração pública.
- Meios de comunicação social livres, independentes e pluralistas.

Como se nota, se nos deixarmos levar pelo conceito literal ou pelos princípios e valores essenciais para a consolidação da democracia, é possível chegarmos à conclusão de termos encontrado o tão sonhado "Eldorado perdido"! Mas, infelizmente essa não é a verdade.

Então, o que podemos esperar desse sistema de governo no qual é nítida a lacuna existente entre o sonho democrático e a realidade em que vivemos?

O ideal democrático nunca foi totalmente vivido na prática. Muitas das chamadas sociedades democráticas do passado foram arrebatadas e tornaram-se oligarquias em que a teoria democrática era usada para preservar a ficção de que o grupo dominante representava a maioria.

Por exemplo, é comum encontrarmos citações elogiosas sobre a Grécia Antiga como o berço da democracia, entretanto, pouco se fala sobre a alienação do povo nas decisões dos governantes, induzido e incentivado por eles desde o seu surgimento.

Há 2.500 anos, a Grécia não era um país unificado e o mundo grego se compunha de cidades independentes, portanto, Atenas não era sua capital, o que se tornou somente no século 19. A situação em Atenas não era nada calma, considerando a pressão dos excluídos. Com isso, o poder, que ficava dentro dos palácios, oculto aos súditos, passa à praça pública, a chamada Ágora, adquirindo transparência e visibilidade. Assim começa a democracia: o poder, de misterioso, se torna público.

Em Atenas se concentrava esse novo modo de praticar e pensar o poder, porém nem todos podiam participar da escolha dos governantes, só eram considerados cidadãos os indivíduos livres, do sexo masculino, maiores de dezoito anos e com serviço militar (de dois anos) cumprido, ou seja, mulheres, estrangeiros e escravos não participavam das decisões políticas. Tratava-se de uma sociedade desigual e escravagista.

Não podemos negar que o conceito de democracia tenha evoluído através do tempo e contribuído para que, desde o século 18, filósofos e pensadores reafirmassem que essa era a melhor forma de direito de o povo escolher e controlar o governo de uma nação, porém, os fatos históricos contraditórios e a experiência de vida nos levam a crer que, desde o seu princípio, a democracia é uma ilusão.

Os que estão no poder dizem que o povo participa ativamente do contexto e do cenário político, o povo finge que participa e todos fingem acreditar nas mentiras propagadas. Expressam que a democracia é um regime de governo no qual o poder "emana do povo".

Uma breve reflexão sobre a palavra "emanar", que tem por significado disseminar em partículas sutis: se "*disseminar*" significa espalhar; "*partícula*" é pequena parte que pode ser tirada sem prejuízo do sentido, e "sutil" é algo quase impalpável, podemos dizer que democracia é uma forma de governo na qual o poder espalha-se em pequenas partes pelo quase impalpável povo.

Sempre foi e continua sendo largamente propagado que esse é um bom sistema, que é bonito viver em uma democracia, que ela é boa para o povo, pois proporciona a participação da população.

Se lançarmos os olhos sobre os países que são governados sob regime totalitário, não há dúvida de que a democracia é uma grande conquista, no entanto, ainda distante de seus princípios fundamentais consagrados na expressão "o governo do povo, pelo povo e para o povo".

Os defensores dessa democracia fictícia divulgam a falácia de que o povo escolhe seus governantes e os governantes fazem-no acreditar que detém o poder, podendo ditar o rumo das decisões políticas de seu estado. Portanto, quando são tomadas decisões desastrosas, a responsabilidade recai sobre o povo que não soube escolher os seus representantes.

Como diz o provérbio popular: "Nosso amor é tão bonito, você finge que me ama, e eu finjo que acredito".

Tem sido comum presenciarmos em muitas sociedades governadas pela democracia situações nas quais, de um lado, o povo briga, protesta e defende posições de direita, de esquerda, de centro, podendo ser radical ou moderado.

Muitos desses manifestantes pensam que com isso estão contribuindo para uma sociedade justa.

Por outro lado, os que se dizem representantes do povo simulam que estão trabalhando para o bem da população, convocam a massa para os debates e reuniões, dizem estar preocupados com seus anseios e oferecem-lhes participação até na elaboração de orçamentos e diretrizes.

O povo participa, opina, indica, mas a realidade é outra, pois seus representantes não levam em conta as decisões firmadas e propostas feitas pelo povo, mas aquilo que já estava planejado entre os políticos.

Assim, permanecem satisfazendo os seus propósitos e interesses, tudo fundamentado em acordos, negociações, trocas de favores, sempre em benefício próprio e de seus pares, como são chamados.

Se sobrarem recursos, atenderão os anseios do povo.

Que vergonha!

Falando do nosso amado Brasil, atualmente, vivemos numa aparente democracia. Pela realidade político-social é possível comprovarmos que a situação global se mostra bastante cruel à maioria dos brasileiros. Que democracia é essa que você paga inúmeros impostos e não recebe o mínimo de assistência a que tem direito por parte do governo e das instituições?

Se vivemos em uma democracia, onde está o "estado de direito" no qual nenhum indivíduo ou cidadão comum está acima da lei?

Vergonhosamente, tornou-se rotineiro políticos corruptos gozarem de imunidade parlamentar.

As campanhas eleitorais são financiadas por iniciativas privadas e associações ilícitas para que, quando no poder, seus eleitos apadrinhados possam "retribuir gentilezas". Temos as grandes corporações de imprensa do país monopolizadas pelos grupos empresariais, tornando a informação manipulada de acordo com interesses elitistas. De acordo com Platão e Aristóteles, elistista é o sistema que favorece determinadas minorias, normalmente constituída por membros da aristocracia ou de uma oligarquia estabelecida na educação e nos bons costumes.

A violência cresce a cada dia e a indústria do crime se consolida às nossas vistas!

Existem milhões de famílias que não possuem condições habitacionais adequadas.

O acesso à educação de qualidade é cada vez mais restrito às pequenas parcelas da sociedade, afinal, educação e cultura fazem evoluir e despertam a consciência do cidadão.

Nossa saúde nunca esteve tão doente.

A desigualdade social é alarmante. Em nosso país ainda há níveis assustadores de fome.

Enfim, onde está a democracia? Na verdade ela está em decadência...

A história recente da América Latina tem trazido uma série de acontecimentos, ao mesmo tempo democráticos e contraditórios.

Por um lado vemos eleições legítimas com a participação popular, e, por outro, vemos uma usurpação de poder na qual a base da pirâmide parece narcotizada pelo efeito do populismo.

O fato é que no regime democrático os interesses governamentais beneficiam poucos, isto é, os que estão no poder, os partidos aliados e os apadrinhados.

É preciso ter a coragem de mostrar que a democracia, lamentavelmente, é uma hipocrisia, uma demagogia, uma mentira, e que os governantes do referido sistema divulgam engodos, levando o povo a acreditar que participa, e que tudo quanto os seus representantes fazem é prioridade, tendo como referência única o bem-estar de todos.

Infelizmente, vivemos hoje uma democracia aparente que se confunde com a demagogia. Atualmente, temos em exercício a arte de conduzir, manipular e ludibriar o povo para uma falsa situação, apelando para o emocionalismo, a distorção de fatos e promessas que não serão cumpridas, simplesmente com o intuito de obter compensação, benefício eleitoreiro e popularidade para quem as promete.

No século 19, Lincoln chegou mesmo a assinalar que *"Pode-se enganar algumas pessoas todo o tempo; pode-se enganar todas as pessoas algum tempo; mas não se pode enganar todas as pessoas o tempo todo!"*.

Ao longo da história, as democracias floresceram, foram ameaçadas, às vezes substituídas por regimes autoritários e, como em um movimento cíclico, continuamente voltam a florescer, porém sempre sob o mesmo paradigma da ilusão.

O tempo passa e a história se repete. Até quando?

Numa sincronicidade que não se explica, levantes populares têm surgido em todo o mundo. A democracia está fragilizada, em crise, e precisa ser socorrida. Sua base tem de estar focada na valorização do indivíduo, mas, sobretudo, na igualdade de todos em direitos e deveres.

É preciso romper o círculo vicioso de apenas criticarmos os modelos existentes apontando as falhas e as mentiras. É preciso ousar, apresentar novas ideias, propostas, expor a realidade, propor soluções claras, possíveis, sinceras, objetivas, sem preconceitos, emoções, medos e vaidades. Sem demagogia.

Chega de engodo, chega de mentira, chega de ilusão, chega de demagogia, chega de enganação.

Vamos nos unir, expor a verdade e fazer valer a ética, a moral e o bem!

Antecipadamente, afirmo que minhas reflexões não estão associadas a qualquer crença religiosa, porém, unicamente, ao conceito de bem e mal.

Deus é significado de Verdade, Bondade e das coisas certas, e cuja consciência humana não consegue alcançar por ser incognoscível, insondável e inescrutável.

O mal se estabeleceu em nosso meio pela ânsia de poder dos homens e por se julgarem superiores aos demais que os cercam.

Ao contrário do bem, o mal pode surgir representado por diversas formas e situações, como a mentira, a dissimulação, a enganação.

São tantas as mentiras e coisas ruins sofridas pelo povo, que chego a pensar que na língua portuguesa haja ligação etimológica entre as palavras "democracia" e "demônio" (vulgarmente conhecido por demo). O que presenciamos hoje é uma degradação tão grande da democracia, que nos leva a, foneticamente, associar ambas palavras, pois o poder corrompido tornou-se algo realmente demoníaco.

Nesse nosso ensaio para um novo modelo político de governo, analisemos que desde os mais primórdios tempos de sua criação, foi incutido na mente humana que democracia como o governo do povo é um regime político cujo alicerce está firmado na soberania popular, na liberdade eleitoral, na divisão de poderes e no controle da autoridade.

Portanto, desde o seu surgimento, ilude-se o povo; os mandantes dizem que o povo participa, o povo finge que participa e todos fingem acreditar nas mentiras propagadas. Isso é demoníaco, ou seja, próprio do demônio, ou simplesmente "demo" — o gênio do mal, e que figurativamente pode ser interpretado como pessoa sem qualidades.

Em uma interpretação livre, podemos associar a expressão "demo" ao gênio do mal, e "demo" originalmente significa povo, podemos então unir tais ideias e concluir que democracia, na prática, pode ser interpretada como governo do povo de má qualidade, ou governo de pessoas de má qualidade.

Avançando nessa interpretação, podemos dizer que "demo" = povo de má qualidade = gênio do mal; e *kracia* = governo. Assim, a democracia que vivenciamos está associada ao governo do gênio do mal ou governo das pessoas de má qualidade.

Podemos notar que são poucas as palavras iniciadas pela expressão "demo" que trazem uma mensagem positiva ou do bem. Inversamente, palavras relativas a "demo" sugerem coisas negativas como:

> Demolir: derrubar, desmantelar, aniquilar, destruir.
> Demorar: fazer esperar, deter, delongar, atrasar, retardar.
> Demover: tirar ou mudar de lugar, deslocar, fazer renunciar a uma opinião, dissuadir.

O fato de milhões de pessoas dizerem que o regime democrático é bom passou a ser uma verdade que poucos se atrevem a discordar.

Enfatizando o que comentamos no capítulo anterior, os interesses que beneficiam a poucos no mundo democrático são muito fortes, porém, com coragem, temos que demonstrar que a democracia é uma farsa.

Com essas divagações sobre o mal, não temos como propósito apenas discordar dos defensores da democracia, mas sim apresentar uma proposta inovadora de um regime de governo no qual todos vivam melhor.

Uma democracia do bem.

PROPOSTA DE REFORMA POLÍTICA E ADMINISTRATIVA

CONFIANÇA, PRINCÍPIOS E VALORES

Sempre ouvimos dizer que a confiança é algo que se conquista. Completemos essa ideia dizendo que a confiança é uma troca na qual primeiro você dá para depois receber.

Mas é sempre com princípios e valores que iniciamos qualquer processo de construção de credibilidade.

A democracia vem dividindo seu espaço com a falácia e a hipocrisia. Está esgotada e desvirtuada pelos desgastes que sempre sofreu, pelos desvios que os países que a adotaram impuseram e impõem em sua trajetória.

Cada país dá uma tonalidade diferente, mas seu princípio — o governo do povo para o povo — foi esquecido, e travestiram o regime democrático com uma forma oportunista.

Particularmente, em nosso país, a democracia, que ainda é jovem, já está cambaleante pelos desmandos dos políticos que por ela passam, insuflando falhas em seu conteúdo, destoando-a de sua origem para benefício de uma parcela inescrupulosa que visa somente ao seu bem-estar, do partido e de seus asseclas.

No Brasil, os conceitos éticos estão distorcidos, portanto, não podemos pensar em uma gestão pública com princípios e valores, pois esses foram relegados ao passado.

A política passou a ser uma prática mercantil na qual os cargos são loteados conforme o retorno que os interessados podem oferecer.

A atual atividade política é composta por uma plêiade de sentimentos cuja resultante está sempre oculta, gerando uma ilusão democrática.

O povo unido tem poder e, se bem direcionado, o resultado dessa união será sempre legítimo e benéfico à sociedade como um todo. Porém, é preciso lembrar que as massas se movem pelo estado de emoção, pelas sugestões imperiosas e nem sempre pela reflexão, o que é extremamente perigoso. Daí a importância de uma liderança equilibrada, calcada na verdade.

Vivenciamos muitos governos que se dizem a favor do sistema democrático, entretanto constatamos que todos se esquecem de que foram colocados no poder com os votos do povo.

A história do nosso país nos mostra uma democracia manipulada conforme o desejo de cada governante, porém, sem nada mudar, se esquecem de governar para o bem de todos.

Toda mudança exige planejamento e qualificação para se conseguir o equilíbrio de ação.

Esse é um processo de mudança no qual há a necessidade premente de se estabelecer a reconquista da confiança no sistema político por meio da reformulação dos princípios e valores éticos e morais que estão preteridos e empoeirados no quarto de despejo da República.

A transparência, o preparo e o comprometimento deverão ser ampliados para se avaliar os méritos dos futuros governantes e, assim, poder conectá-los a uma nova forma de governo no qual o bem, o bom, o belo, o justo e o correto farão parte da administração pública realmente digna da confiança dos cidadãos brasileiros.

Assim sendo, esta proposta de mudança tem como base a reformulação política e administrativa do país, tendo valores e princípios como pedra fundamental.

Há muito a se fazer para recuperar a confiança no Brasil.

As mazelas estão sob os holofotes. É preciso agir rapidamente com a realização de uma reforma profunda que restitua a confiança da sociedade nos poderes do Estado.

Não podemos concordar com o hábito que se criou na classe política de se apresentar uma enxurrada de promessas vazias, sabidamente impossíveis de serem cumpridas, e depois de assumir o cargo, nada realizar.

É crucial que passemos a fazer uso dos recursos públicos de forma correta e decorosa, enxugando, desburocratizando e fazendo funcionar a máquina pública, criando oportunidades a todos os brasileiros, indistintamente, com reais condições de acesso à educação, saúde, moradia e trabalho.

Esses serão apenas os primeiros passos, apenas o início de uma Proposta de Reforma que efetivamente garantirá que possamos atender aos interesses dos cidadãos.

Esta proposta tem a fraternidade como um dos valores, o respeito aos seres humanos como outro valor e a busca constante para o progresso do país em termos materiais, intelectuais e, principalmente, morais.

E para que o nosso Brasil não venha a passar por um futuro ainda mais dramático que o atual, no qual ainda há milhões de brasileiros vivendo de refugos alimentares, em habitações precárias e sem acesso à saúde, educação e trabalho, é essencial agirmos com intensidade, unidos em um espírito de fraternidade, patriotismo e racionalidade.

A sociedade clama por mudança.

CARREIRA POLÍTICA COMO PROFISSÃO, POR QUE NÃO?

No atual estado democrático, deparamo-nos com várias nuances na administração pública adotadas pelos eleitos, os quais têm dado o seu colorido pessoal ao sistema. Isso tem grande valor para nos mostrar os sinais claros de esgotamento que sofre esse regime democrático e, com isso, nos permite propor uma reestruturação de peso para que se consolide uma reforma político-administrativa no país.

Toda mudança requer coragem e persistência, a proposta é uma diretriz para renovar a nossa sociedade, na qual a dignidade, respeito e equidade farão parte da nova jornada.

Desta maneira, sendo a política a ciência que organiza, dirige e administra a nação, estão implícitos os sentidos de sociedade e comunidade. Logo, não existe organização social sem a política.

Atualmente, quando falamos de representantes políticos no poder, o cenário que avistamos nos apresenta os mais diversos tipos de homens e mulheres que exercem cargos eletivos e atuam nos Poderes Executivo e Legislativo.

Para se chegar a essa categoria, foram eleitos pelo voto, tendo participado das tão famosas campanhas eleitorais repletas de promessas que não são cumpridas, de discursos inflamados, mas vazios, e de acusações e críticas recíprocas aos adversários. Cobram propostas de seus oponentes, mas não apresentam as suas, falam em políticas públicas, mas não falam quais serão elas, uns dizem que lutarão por saúde, educação, moradia, segurança, mas proposta concreta que é bom, nada!

Na verdade, o que induz o eleitor a escolher o seu candidato é a propaganda ou quem tem mais recursos financeiros ou possibilidades de barganha para arregimentar o maior número de "simpatizantes" e seguidores "desinteressados".

Sem contar que durante essas campanhas para os diversos cargos públicos, a cada dois anos, somos surpreendidos com propagandas que mancham a política como ciência.

Vamos relembrar algumas frases de campanha que nos mostram as qualidades dos candidatos:

> "Vote no fulano da borracharia."
> "Fulano da farmácia para vereador."
> "Fulana cabeleireira é o voto certo."
> "Pastor fulano de tal para deputado estadual."
> "Professor fulano pede o seu voto."
> "Para vereadora, fulana do Lanchão, ela é a solução."
> "Vote em Fulano, pior do que tá não fica."
> "Eu não sei o que um Deputado faz! Mas vou aprender!"

Podemos mencionar milhares de frases de propagandas eleitorais que tentam captar a atenção e seduzir o eleitor.

Não podemos deixar de citar os candidatos à reeleição que nada falam do que fizeram, só falam sobre o que irão fazer, uns porque não sabem, outros porque os compromissos partidários não permitiram.

Eis a pergunta: será que eles estão preparados para exercer o mandato de um cargo eletivo tão relevante para os quais se candidatam? Com certeza não.

Durante o período em que essas campanhas são veiculadas, resta à população assistir aos verdadeiros espetáculos circenses nos quais a consciência que deveria dar sentido à representação política hoje é dispensada por instrumentos de marketing.

Essa "despolitização" tem nos custado muito caro.

A política passou a ser um nicho de mercado no qual os candidatos a tão importantes cargos de representação popular buscam, na maioria das vezes, simplesmente melhores condições de vida, tendo em vista que os salários, benefícios e vantagens são atraentes.

A política tornou-se uma profissão altamente rentável.

No atual quadro, quando apontamos a atividade política como uma profissão, surge uma pergunta: qual a escolaridade necessária para se candidatar a vereador, prefeito, deputado estadual, governador, deputado federal, senador e presidente da República?

A resposta é curta e simples: nenhuma, basta ser semialfabetizado.

Sabemos que muitos que estão exercendo mandatos, eleitos pelo povo, sabem somente assinar o nome.

Podemos deduzir que é falho o sistema de escolha dos ocupantes dos cargos dos Poderes Executivo e Legislativo, pois não se exige nenhuma qualificação ou conhecimento prévio para o exercício de tão importante função a ser exercida.

Ao contrário disso, no Poder Judiciário é imperativo que os seus membros possuam formação universitária em Ciências Jurídicas para que tenham capacidade e preparo para interpretar e aplicar a lei.

Para se exercer as profissões de professor, engenheiro, advogado, médico, administrador, jornalista, publicitário, geólogo, sociólogo, dentista e muitas outras, há a necessidade de graduação universitária e o reconhecimento nos respectivos conselhos, ordens e associações de classes.

Também existem os cursos de nível médio, que formam técnicos em diversas áreas, exercendo profissões regulamentadas.

Por que, então, não criar, reconhecer e regulamentar a profissão de político?

Para iniciar a moralização e as melhorias em todos os níveis dos Poderes Executivo e Legislativo, a proposta é a profissionalização do político e um plano de carreira com a criação do Curso de Formação Política em nível técnico e superior, e a exigência de formação para a ocupação de um cargo eletivo.

O Curso Técnico de Formação Política deve visar ao atendimento às Câmaras Municipais em pequenos municípios, estabelecendo-se um determinado número de habitantes, por exemplo, até cem mil habitantes, onde o candidato ao cargo eletivo de vereador terá de ser graduado com o curso técnico específico em formação política.

Para os demais cargos, em municípios maiores, mais de cem mil habitantes, vereador, prefeito, deputado estadual e federal, governador e presidente da República, deverão ser graduados em Formação Política em nível superior.

A proposta visa regulamentar a "profissão de político" para evitar o despreparo, a falta de capacidade e os desvios de condutas com os quais temos nos deparado no decorrer da história.

Para ser político, a pessoa deve ter no mínimo conhecimentos das seguintes disciplinas: Língua Portuguesa, História, Geografia, Sociologia, Administração Pública, Contabilidade Pública, Economia, Direito Administrativo, Direito Tributário, Direito Constitucional, Técnica Legislativa e Ética Profissional. Disciplinas que devem ser ministradas nos cursos de formação de políticos.

Precisamos de políticos como representantes da sociedade, porém preparados e capacitados tecnicamente.

A era da "casa da mãe Joana" tem de ser expurgada da nossa política e lembrada pelas novas gerações como um desvio de conduta do passado para jamais ser revivido.

PODERES DE ESTADO

A proposta é que se mantenham os atuais níveis de governo divididos em Federal, Estadual e Municipal, e que os Três Poderes da República permaneçam compostos pelo Executivo, Legislativo e Judiciário, que sejam independentes e harmônicos entre si.

O foco de mudança nesse setor deve estar voltado à reformulação da administração pública, devendo ter caráter permanente, independentemente de quem ou qual partido político estiver no comando, estabelecendo-se as funções e atribuições dos políticos atuantes em cada um dos poderes.

Atualmente, o que avistamos é uma confusão generalizada que resulta numa inversão de valores, onde tudo está confuso.

Os poderes não se entendem e assumem funções que por lógica seriam do outro. Observamos o Executivo legislando, o Legislativo querendo interferir na administração que é atribuição do Executivo. O Legislativo investigando, função da polícia. O Judiciário legislando e o Legislativo julgando. Perdeu-se o princípio dos objetivos, da independência e da harmonia entre os poderes.

Um regime de governo sério e comprometido deve ser profissional, com um ordenamento claro e objetivo, no qual as atribuições a serem cumpridas deverão estar definidas, o que não ocorre na atual democracia.

Nos dias atuais, infelizmente, somos meros espectadores, e de longe assistimos acordos, acertos, conchavos, interesses de um lado e de outro, criando conflitos e discussões intermináveis, arranjos, promessas enganosas, desvios de verbas para interesses pessoais e dos partidos ou grupos coligados. A corrupção permeia todos os níveis de governo com superfaturamentos de obras, licitações fraudulentas, e o mais importante, que é o povo, este está esquecido.

Tudo isso ocorre por falta de profissionalismo na política e de definição clara das atribuições inerentes a cada um dos poderes e dos cargos ocupados pelos políticos.

Proposta para o Poder Executivo

Como o próprio nome atribui, o Poder Executivo deve ter a função exclusiva de executar, e suas atribuições deverão estar delimitadas a planejar, organizar, comandar e controlar, seja a nação, o estado ou o município, respeitando e cumprindo os limites das leis vigentes.

O presidente, como representante do Executivo, será o administrador, planejando, organizando, comandando e controlando os recursos e os interesses da nação.

O governador deverá administrar planejando, organizando, comandando e controlando os recursos e interesses do seu estado.

O prefeito administrará planejando, organizando, comandando e controlando os recursos e interesses do seu município.

Todos em consonância com os princípios de valores estabelecidos, respeitando as atribuições inerentes ao cargo.

A função do Legislativo deverá ser a de legislar propondo, discutindo e aprovando as leis, e fiscalizando as ações do Executivo quanto ao cumprimento do projeto de governo e planejamento, bem como quanto à correta aplicação dos recursos na manutenção, conservação e desenvolvimento nos respectivos níveis de governo: União, estado e município.

E a função do Judiciário deverá ser a de aplicar as leis que se encontram em vigor, julgando com isenção e imparcialidade para assegurar a soberania da verdadeira justiça, seja para pessoas do povo, políticos em quaisquer níveis da hierarquia, pessoas jurídicas de direito privado ou de direito público, punindo quem não cumprir a lei, ou seja, deve ter a função exclusiva e competência para julgar.

Atualmente, dos poderes constituídos, apenas o Judiciário está profissionalizado e os cargos são ocupados por profissionais formados e previamente preparados, que evoluem na carreira e, teoricamente, participam de um plano de carreira conforme a competência e o aperfeiçoamento profissional. Os profissionais do Poder Judiciário são oriundos dos cursos jurídicos.

Assim, os Poderes Executivo e Legislativo devem ser organizados nos moldes do Judiciário, com os cargos sendo ocupados por profissionais previamente formados e preparados em política.

Surge o profissional em política. O político. E conforme a competência e o aperfeiçoamento profissional poderão evoluir e ocupar cargos superiores, originando-se, consequentemente, a carreira política.

Desse modo, teremos políticos comprometidos profissionalmente, capacitados, competentes e preparados para exercer a importante função de estabelecer o ordenamento legal e administrar a coisa pública.

Os representantes do Poder Executivo, preparados para administrar, terão capacidade e experiência, conhecimento de suas responsabilidades e estarão conscientes de que caso não cumpram com suas obrigações serão responsabilizados por negligência ou imprudência no exercício da função.

Quanto aos representantes do Poder Legislativo, quando preparados para legislar e fiscalizar, terão competência, capacidade e experiência para isso, saberão suas responsabilidades e terão conhecimento de que não cumprindo suas obrigações serão responsabilizados por negligência ou imprudência no exercício da função.

Com relação à função de fiscalizar, os representantes do Legislativo, negligenciando ou sendo imprudentes, deverão ser corresponsabilizados por eventuais atos de improbidade do Poder Executivo.

Presidente da República

A Presidência da República Federativa poderá ser ocupada por brasileiros natos, com a idade mínima de 35 anos, com formação universitária em política.

Para concorrer ao cargo de presidente, é requisito mínimo que já tenha exercido mandato eletivo como governador de estado.

Para concorrer ao cargo, será escolhido pelo voto popular em eleições livres e diretas, deverá ser filiado a um partido político, ter reputação ilibada e contas aprovadas de gestões anteriores.

A proposta para o mandato do presidente da República é de quatro anos, com direito a uma reeleição.

O presidente da República será o administrador da nação, sendo auxiliado pelos ministros de estado.

O presidente da República continuará sendo o poder máximo do Executivo e, com a sua posse, se comprometerá a cumprir, manter e defender a Constituição Brasileira, observando as leis, promovendo o bem-estar do povo, mantendo e sustentando a União, a integridade nacional e a independência do país em todos os sentidos.

Além disso, deverá cumprir o Programa de Governo apresentado antes de ser candidato.

Para concorrer ao cargo, o candidato deverá registrar o Programa de Governo a ser cumprido, no caso de ser eleito, o que será explicado em um capítulo mais adiante.

Deverá ter como atribuição o comando das Forças Armadas (Exército, Marinha e Aeronáutica) e indicar nomes para a Presidência do Banco Central e nomear o advogado-geral da União.

Deverá, também, ser de competência do presidente da República sancionar as leis elaboradas pelo Poder Legislativo.

Governador

Os governos dos estados da República Federativa do Brasil deverão ser ocupados por brasileiros natos, com formação universitária em política.

Para concorrer ao cargo de governador é fator obrigatório que já tenha exercido mandato eletivo como prefeito de um dos municípios do estado onde pretende ser governador.

Deverá ser filiado a um partido político, ter reputação ilibada e contas aprovadas em gestões anteriores para concorrer ao cargo, para o qual será escolhido pelo voto popular em eleições livres e diretas.

A proposta para o mandato de governador é de quatro anos, com direito a uma reeleição.

O governador continuará sendo o poder máximo do Executivo em seu estado, sendo auxiliado pelos secretários por ele nomeados. Com a sua posse, se compromete a defender a Constituição Brasileira e a manter a ordem em seu estado. Deverá observar as leis, promover o bem-estar do povo, manter e sustentar a integridade do seu estado como parte inseparável da República Federativa do Brasil.

Prefeito municipal

O cargo de prefeito municipal deverá ser ocupado por brasileiros natos, com formação universitária em política.

Para concorrer ao cargo de prefeito é essencial que já tenha exercido mandato eletivo como vereador no município onde pretende ser prefeito.

Deverá ser filiado a um dos partidos políticos, ter reputação ilibada e contas aprovadas para concorrer ao cargo onde será escolhido pelo voto popular em eleições livres e diretas.

A proposta para o mandato de prefeito é de quatro anos, com direito a uma reeleição.

O prefeito continuará sendo o poder máximo do Executivo em seu município, sendo auxiliado pelos secretários por ele nomeados. Com a posse, se compromete a defender a Constituição Brasileira e a manter a ordem em o município. Deverá observar as leis, promover o bem-estar do povo em sua região, manter e sustentar a integridade do município como uma parte inseparável do estado e da República Federativa do Brasil.

Em todos os níveis de atuação, a função do Executivo deve ser a de administrar, planejar, organizar, comandar, controlar e gerenciar os recursos da nação, estado ou município sempre em benefício da população. Zelar pelos interesses da coletividade, sendo fiscalizado pelo Poder Legislativo.

O Poder Executivo não poderá impedir ou dificultar a ação fiscalizadora do Legislativo. Todas as ações do Executivo em sua administração deverão ser de conhecimento do Legislativo para que possa proceder a fiscalização. Todas as contratações do Executivo deverão ser acompanhadas pelo Legislativo.

Na execução de obras e de programas de desenvolvimento, o Legislativo terá de acompanhar e fiscalizar com rigor as aplicações dos recursos públicos, pois terá responsabilidade sobre tudo o que estiver fiscalizando.

Dessa forma, o Poder Executivo agirá com transparência na execução dos projetos que pretender realizar.

Sobre os cargos de vice

Ficam abolidos os cargos de vice-presidente da República, vice-governador e vice-prefeito.

O vice tem a função de substituir o titular do cargo no caso de viagem ao exterior ou impedimentos.

Quando isso ocorre, o vice assume, entretanto, nada de efetivo faz. Sem falar que em muitos municípios, o vice nunca assume. Isso é um fato.

Tudo continua fluindo normalmente com a equipe de governo cumprindo suas funções e obrigações.

Assim, no caso de viagem ao exterior ou impedimento do titular do cargo, este deverá nomear três integrantes de sua equipe de governo que serão os responsáveis pelo pleno funcionamento da máquina administrativa.

Atualmente, o vice também sucede o titular do cargo em casos de renúncia, morte ou destituição do cargo por processo de impeachment.

Quando isso ocorrer, tudo deverá continuar fluindo normalmente com a equipe de governo cumprindo suas funções e obrigações, até que o Poder Judiciário, no prazo máximo de 24 horas, nomeie uma Comissão Governista composta por cinco integrantes da equipe de governo que serão os responsáveis pelo pleno funcionamento da máquina até nova eleição, que deverá ocorrer no prazo máximo de 90 dias, independentemente do prazo de mandato restante.

Proposta para o Poder Legislativo

O Poder Legislativo deverá ser composto por vereadores, deputados estaduais e deputados federais preparados e graduados em cursos de formação política, em nível técnico ou superior.

Em todas as esferas de governo, a função dos que ocuparem cargos eletivos no Poder Legislativo deve ser exclusivamente legislar e fiscalizar, tanto as ações do Executivo quanto das empresas ou entidades que recebem ou administram recursos públicos. Deve criar e votar as leis e fiscalizar as ações do Poder Executivo, acompanhando e examinando as contas públicas em todas as esferas de poder.

Todos os que manifestarem interesse em ingressar na carreira política, devem iniciar sua vida pública e política como vereador nos municípios.

Os candidatos a deputado estadual devem ser indicados pelos partidos políticos e já terem ocupado o cargo eletivo de vereador.

Da mesma forma, os deputados federais devem ser indicados pelos partidos políticos, e como pré-requisito deve ter sido deputado estadual.

O Poder Legislativo será dividido em federal, estadual e municipal, devendo existir harmonia entre esses três níveis de atuação.

Para que não haja disputa entre as unidades da federação, o Legislativo Federal deve criar a legislação estabelecendo critérios, incidências e normas de interesse geral para vigorar em todo o país, não podendo estados e municípios criarem ou modificarem o regramento geral, evitando assim injustas disputas e guerra fiscal entre as unidades da federação.

Funções

Os eleitos para ocupar cargos no Poder Legislativo, além de elaborar leis que atendam às necessidades da sociedade e fiscalizar o Poder Executivo, deverão zelar para que realizem suas atividades com capacidade, acompanhar as ações do executivo, fiscalizando, orientando ou advertindo para que não sejam tomadas medidas que possam vir a prejudicar a população, devem impedir desvios de conduta e zelar para que as verbas públicas tenham suas aplicações e destinos conforme preestabelecido, analisado e aprovado.

O objetivo da função legislativa é a importante responsabilidade de representar os anseios do povo em todas as esferas do governo.

Atualmente o Legislativo quer julgar, sendo que esta atribuição, responsabilidade e competência deve ser exclusiva do Poder Judiciário; quer também investigar, que deve ser atribuição, responsabilidade e competência exclusiva da polícia.

Cada um dos Poderes deve cumprir suas funções, atribuições, competências e responsabilidades. Assim, as CPIs e CPMIs, que tentam mostrar à população que estão trabalhando sério e investigando os desmandos, deixarão de existir, até porque o que se vê são ações e discussões que em nada contribuem ou concluem e, se eventualmente chegam a alguma conclusão, os interessados ou prejudicados recorrem ao Poder Judiciário, que efetivamente tem o poder de decidir.

Por isso, é inevitável concluir que essas CPIs e CPMIs não passam de pura demagogia – próprio da democracia do mal –, na qual os integrantes tentam convencer o povo de que estão atuando no aperfeiçoamento do sistema democrático, quando, na verdade, estão praticando desvio de função, de conduta, atribuição e competência, porque quem tem o poder e o dever de julgar é o Poder Judiciário.

Fiscalização

Fiscalizar não é somente analisar controles e papéis. Isso não basta. A função dos representantes do Poder Legislativo como fiscais deverá ser efetivamente a de acompanhar as ações do Executivo.

O Legislativo deverá se organizar de tal forma que cada um de seus representantes, em seus respectivos níveis, tenha a atividade de fiscalizar determinada área de atuação do Executivo, com acompanhamento próximo, constante e efetivo.

Isso é diferente do que ocorre nos sistemas democráticos atuais, nos quais, ao final de cada ano, o representante do Executivo apresenta as contas e o legislativo vota a aprovação ou rejeição das mesmas. Não há uma análise das contas ou uma auditoria para verificar se o que está sendo apresentado é consistente, coerente e correto. Hoje, o legislativo aceita o que está no papel, sem saber se há autenticidade no que está sendo apresentado.

O Legislativo deverá acompanhar o dia a dia dos atos do Executivo e ser responsável pelas ações que fiscaliza. Por exemplo, o contrato fiscalizado por um determinado representante do Legislativo deverá ser acompanhado em todas as fases de sua execução, devendo ter livre acesso a todos os documentos e a todas as ações do Executivo.

Na administração pública, a transparência aliada à fiscalização são fatores preponderantes.

O representante do Legislativo que no exercício de suas funções, negligenciar, se omitir ou prevaricar deixando de cumprir com seus deveres, deverá ser punido e responsabilizado pelas ações ou omissões do Executivo, respondendo solidariamente como corresponsável do chefe do Executivo.

Ao apurar, constatar ou se deparar com atos ilegais ou imorais, terá o representante do Legislativo o direito e o dever de apresentar à Câmara ou Assembleia os fatos da situação, e esta terá a obrigação de representar imediatamente ao Poder Judiciário para que este impeça o Executivo de praticar ações contrárias ao que se estabeleceu como regra de valores.

O Legislativo jamais deve permitir que ocorram desvios de conduta ou ilícitos, e após os erros ocorridos lançar acusações com a finalidade de gerar negociatas para a solução dos problemas.

A prevenção de problemas deve ser sempre a forma ideal de proceder do Legislativo.

O Legislativo deve exercer a função de fiscalização como medida preventiva, com a finalidade de prevenir e evitar que ocorram irregularidades, impedindo desvios de recursos dos cofres públicos e danos à população.

O Executivo deve ter a liberdade de ação e administração para contratar e dirigir os destinos da nação, do estado e do município, mas deve ser fiscalizado pelo Legislativo. A competência do Executivo é aplicar bem e corretamente os recursos e seguir as diretrizes constantes do plano de governo apresentado e do orçamento discutido, elaborado e aprovado previamente pelo Legislativo.

O político deve ter poderes e deveres.

Como o Legislativo tem a função de fiscalizar o Executivo, a conduta de seus integrantes deve ser irrepreensível. Para aquele que for omisso ou exercer mal os poderes que lhe foram outorgados, havendo indícios e suspeita de que no seu meio (Legislativo) um determinado membro não estiver atuando de maneira correta e adequada, caberá à Câmara ou Assembleia afastar preliminarmente o político de suas funções e representar ao Poder Judiciário para que este solicite a investigação e decida pela punição ou absolvição, sempre com o devido processo legal e ampla defesa. No Poder Executivo, os que exercerem cargos administrativos deverão agir conforme procedimentos legais e éticos estabelecidos.

Como somos passíveis de erros, o Legislativo no exercício de sua função de fiscalizar o Executivo, constatando ou apurando falhas ou ações contrárias aos interesses da administração pública, deverá encaminhar o resultado de sua apuração ao Poder Judiciário, solicitando preliminarmente o afastamento temporário do representante do Executivo de suas funções, cabendo ainda a decisão após aprofundar as investigações através de processo legal e assegurado o direito a ampla defesa para que possa determinar a punição adequada, seja pelo afastamento definitivo ou por outra pena prevista em lei.

A presente proposta não prevê a existência do Senado, assim o Sistema Legislativo deverá ser unicameral, ou seja, a legislação deve ser aprovada apenas pela Câmara Federal.

A função dos atuais senadores como representantes dos estados federados deve ser exercida pelos três deputados federais com maior votação de cada um dos estados.

Proposta para o Poder Judiciário

Quando falamos em Justiça em nosso país, imediatamente pensamos em lentidão, complicação, impunidade e, consequentemente, em injustiça.

As mudanças propostas visam à agilização e ao fortalecimento da Justiça brasileira.

A proposta é que o Poder Judiciário seja estruturado em níveis de hierarquia e instâncias, divididas em justiça de primeiro grau, segundo grau, a instância superior e a Suprema Corte.

Sendo os níveis de governo divididos em federal, estadual e municipal, os Três Poderes devem existir em todos os entes federativos, ou seja, o Poder Judiciário deve estar presente em todos os municípios do país. Assim, um município só deverá efetivamente existir se tiver presente em seu território representantes das três esferas de governo.

Outra proposta é que o Poder Judiciário seja unificado.

A justiça deve ser una.

Tem que se organizar e criar uma única justiça.

Atualmente existem: Justiça Federal, Justiça do Trabalho, Justiça Militar, Justiça Estadual, Justiça Eleitoral.

O Poder Judiciário deve ser estruturado e organizado, atribuindo a seus membros competência em todas as áreas e matérias para julgar toda e qualquer matéria dentro da esfera jurisdicional do município.

Atualmente temos juízes atuantes em municípios, porém determinadas ações não tramitam por aquele juizado, tendo que ser encaminhadas e resolvidas em outra localidade. Isso precisa acabar!

Todo município deverá ter um juiz e esse juiz deverá ter competência para julgar toda e qualquer demanda judicial, sejam elas de relações do trabalho, cíveis, criminais, tributárias, de interesse do município, do estado, da União, questões militares, eleitorais, ou seja, todas que dependam de decisão judicial.

Assim, todo juiz do país deverá estar capacitado e ter competência para julgar toda e qualquer demanda.

Dessa forma, não haverá mais discrepâncias salariais, como se vê atualmente: um juiz federal em um pequeno município, que não faz quase nada e ganha o dobro de outro juiz estadual, que trabalha muito. Juiz deve ser uma classe única.

Na carreira do Judiciário deve existir uma composição e divisão hierárquica de acordo com o número de processos e habitantes de determinada jurisdição, classificando os juízes em entrâncias, e as esferas em instâncias, iniciando-se a carreira pela primeira entrância e instância, progredindo às próximas entrâncias e instâncias, em um plano de carreira, com avaliações de acordo com a capacidade e o aperfeiçoamento profissional de cada um.

Os integrantes do Poder Judiciário não são eleitos pelo povo, por isso tem de ser um poder aprimorado.

O ingresso e ascensão na carreira da magistratura deve ocorrer por concursos que devem requerer conhecimento específico, avaliação de aptidão e equilíbrio psicológico para o mister a ser exercido, sendo organizado e administrado exclusivamente pelo Poder Judiciário, sem qualquer influência ou interferência dos Poderes Legislativo ou Executivo.

Os integrantes do Poder Judiciário ingressam na carreira como juízes e, por competência, aperfeiçoamento profissional e merecimento, ascendem a desembargadores, e estes, pelos mesmos critérios, ascendem a ministros, sempre a partir de uma lista de espera, assumindo o primeiro da lista sem qualquer indicação do Poder Executivo.

Assim, a composição dos Tribunais e da Suprema Corte terá sempre composição integral.

Quanto à aposentadoria compulsória, ironicamente chamada de "expulsória", em virtude da idade, deve ser revista, se for o entendimento que um integrante do Poder Judiciário tem de se afastar do cargo no dia seguinte em que completa 70 ou 75 anos, é coerente e deve ser estabelecido que, da mesma maneira, os integrantes dos Poderes Executivo e Legislativo também tenham de se afastar no dia seguinte em que completar 70 ou 75 anos.

Quem decidir ingressar na magistratura deverá ter competência comprovada, avaliada através de concurso de provas e títulos, aptidão e equilíbrio psicológico para a carreira escolhida. O juiz precisa ter a sua conduta estribada nos procedimentos de cargos, funções e responsabilidades próprios do Poder Judiciário.

O Poder Judiciário, assim como os outros dois poderes, tem de ser bem estruturado e independente.

O Poder Judiciário precisa ser de fato o guardião dos direitos e garantias asseguradas a todos os cidadãos brasileiros. Nele deve residir a esperança de justiça e igualdade para todos.

Quando se tem um Judiciário sólido e independente, ágil e efetivo, tem-se também o elemento fundamental para o verdadeiro estado de direito.

Também deve haver fiscalização, responsabilização e penalização aos integrantes do Poder Judiciário, porque, infelizmente como temos visto nos últimos tempos, muitos integrantes da magistratura se envolveram em escândalos e em situações duvidosas, o que tem gerado junto à população o sentimento de descrença na Justiça.

Para a fiscalização, responsabilização e penalização aos integrantes do Poder Judiciário, propomos a criação de um

Conselho Superior do Judiciário nos moldes dos Conselhos Administrativos, que adiante será proposto.

Ministério público

O Ministério Público também deve ter sua função estabelecida. Hoje, ele se comporta com a pretensão de ser um poder e deseja exercer função investigativa, mas está equivocado, já que investigação é atribuição da Polícia.

O Ministério Público, órgão de Estado, importante na defesa da ordem jurídica e fiscalização do cumprimento da lei pelo Poder Judiciário, deve ser independente e autônomo, com orçamento, carreira e administração próprios. Como fiscal das leis, deve atuar como defensor do povo, do patrimônio público, dos interesses sociais e individuais indisponíveis e no controle externo da atividade policial no acompanhamento de investigações criminais, instauração de inquéritos policiais, na promoção pela responsabilização dos culpados, no combate à tortura e aos meios ilícitos de provas.

Enfim, deve zelar pelo efetivo respeito dos Poderes Públicos e dos serviços de relevância pública aos direitos e promover as medidas necessárias à sua garantia nos termos da lei, como já consta da Constituição.

Atualmente o Ministério Público está dividido em Ministério Público Federal, Ministério Público do Trabalho, Ministério Público Militar, Ministério Público do Distrito Federal e Territórios, Ministério Público Eleitoral e Ministério Público Estadual.

Assim como no Poder Judiciário, a proposta é que o Ministério Público seja unificado, devendo ser estruturado e organizado atribuindo a seus membros competência em todas as áreas e matérias para atuar em toda e qualquer matéria dentro da esfera jurisdicional do município.

Temos representantes do Ministério Público que são diligentes e atuantes em municípios, porém determinadas ações não são de competência do órgão naquela localidade, tendo que ser encaminhadas e acompanhadas por representantes do Ministério Público de outras esferas e em outras localidades, muitas vezes distantes, o que sem dúvida dificulta a melhor apuração e identificação de fatos e responsabilidades. Isso precisa acabar!

Todo município deverá ter um representante do Ministério Público e esse representante deverá ter competência para atuar em toda e qualquer questão, seja ela de relação do trabalho, cível, criminal, tributária, de interesse do município, do estado, da União, questões militares, eleitorais, todas que dependam de intervenção do Ministério Público.

No mais, tudo deve ocorrer como proposto para o Poder Judiciário.

O órgão deve responder pelas ações, omissões e excessos dos membros, no entanto, não pode ser considerado um poder paralelo, devendo encaminhar toda e qualquer questão para o Judiciário, a quem deve competir com exclusividade o poder de decidir e julgar.

O Ministério Público também deve ser fiscalizado, e seus integrantes responsabilizados e penalizados, fiscalização essa que se propõe seja realizada por intermédio do Conselho Superior do Judiciário.

Advocacia

O direito de defesa deve ser garantido a todos, cabendo exclusivamente ao advogado legalmente habilitado a exercer a função.

Como já ocorre e deve permanecer, o advogado é indispensável à administração da Justiça, sendo inviolável por seus atos e manifestações no exercício da profissão, nos limites da lei.

O advogado que funciona como órgão subsidiário da Justiça e contribui decisivamente para a concretização das grandes reivindicações do direito, sendo o preparador das decisões soberanas dos magistrados.

Por essa razão, a advocacia não é simplesmente uma profissão, mas um *munus publicum*, ou seja, um encargo público, pois, embora não seja agente estatal, compõe um dos elementos da administração democrática do Poder Judiciário.

Pilares do estado de direito

Para a existência e garantia do estado de direito, é imprescindível a atuação do Poder Judiciário, Ministério Público e o exercício da Advocacia, livres e independentes, sem submissão ou hierárquica entre as três esferas indispensáveis para garantir o exercício da verdadeira Justiça.

O que deve ser reafirmado é que estes três — o juiz, o promotor e o advogado — formam um tripé que é a base necessária para sustentar o funcionamento do sistema de distribuição de Justiça à sociedade, tendo como base um país livre e democrático, e que entre os três agentes de justiça não haja hierarquia alguma, sendo todos independentes, indispensáveis e livres em sua atuação, possuindo atributos, poderes, encargos e contextos próprios para o importante papel que desempenham em prol da sociedade.

Pilares de uma nação

O equilíbrio de forças entre os Três Poderes determinará o perfeito funcionamento de cada um, favorecendo um Estado mais justo e igualitário para todos os cidadãos.

Esse tripé de forças é fundamental para que realmente possamos viver o estado de direito na sua plenitude.

Em todas as esferas de governo, o excesso de poder é perigo iminente, é arbitrariedade, ao passo que a Justiça sem poder é ineficiente, mas o poder sem Justiça é tirania. Tal é a importância do equilíbrio e independência desses três pilares da nação.

É preciso entender que os Poderes Executivo, Legislativo e Judiciário existem para servir aos cidadãos, mas para que funcionem com efetividade é extremamente indispensável a participação de toda a sociedade na vida política.

Somente assim poderemos concretizar os sonhos de novos tempos na política, não mais delegando toda a confiança nos representantes, e sim, junto deles, participar ativamente da dinâmica política e social de nossos municípios, estados e União.

Partidos Políticos

Muito se ouve falar em reforma política, entretanto, nada se ouve falar em capacitação e responsabilização dos políticos.

Os partidos políticos precisam ser fortalecidos e participativos, mas, para que isso ocorra, devem existir no máximo cinco partidos políticos. Por que cinco?

As correntes políticas são a esquerda e a direita, a esquerda pode ser moderada ou radical, assim como a direita, e o centro. Existindo um partido de esquerda moderada, outro de esquerda radical, um de centro, um de direita moderada e outro de direita radical, teremos cinco partidos contemplando as ideologias de toda e qualquer pessoa.

Atualmente, criam-se partidos e mais partidos com o único objetivo de aumentar o poder de barganha.

Para acabar com as barganhas e conchavos, os cinco partidos, sob pena de deixarem de existir, devem participar de todas as eleições com chapa completa para os cargos em disputa, com um candidato próprio ao Poder Executivo e para as vagas do Poder Legislativo, no mínimo 50% mais um candidato e no máximo 100% de candidatos em relação ao número de cadeiras em disputa a serem preenchidas.

A justificativa para esse número de candidatos, que deve ser no mínimo 50% mais um candidato em relação ao número de cadeiras em disputa a serem preenchidas, é que todo partido deve ao menos ter a pretensão de eleger a maioria da bancada e, de no máximo 100% de candidatos em relação ao número de cadeiras em disputa a serem preenchidas, é que o máximo que um partido pode obter é a totalidade das cadeiras em disputa.

Só assim acabaremos com as negociatas, trocas de favores, conchavos e falta de compromisso com a verdade e com o interesse do bem comum e do progresso da nação.

Ficam extintas as coligações que ocorrem por ocasião das eleições – verdadeira afronta aos princípios da moralidade, nas quais ferrenhos adversários, com posições antagônicas e até inimigos se unem com um único objetivo: alcançar o Poder.

Propomos ainda a extinção da fórmula atual do quociente eleitoral, um cálculo complicado que faz com que candidatos com pouca votação sejam eleitos se estiverem em coligação com candidatos que tenham expressiva votação.

Uma forma mais justa e coerente é que sejam eleitos somente os candidatos que obtiveram as maiores votações, somando-se aos votos pessoais dos candidatos de cada partido proporcionalmente os votos de legenda.

Proposta de governo

Outra proposta é que os partidos políticos, quando do registro das candidaturas, obrigatoriamente registrem o projeto de cada candidato, assim como Projeto de Governo do partido e o Projeto de Plano Plurianual a ser executado, caso vençam as eleições.

Assim, o eleitor não votará apenas em pessoas.

O eleitor votará em pessoas e projetos.

Os projetos registrados devem se tornar obrigação de cumprimento, não como as promessas de campanha atuais, que são simplesmente esquecidas após a eleição.

Caso o eleito queira mudar o Projeto de Governo ou Projeto Plano Plurianual apresentado antes da eleição, deverá apresentar as mudanças desejadas, as quais deverão ser discutidas e aprovadas pelo Poder Legislativo correspondente.

Caso o eleito aja contrariando os projetos registrados, sujeitar-se-á ao afastamento preliminar determinado pelo Poder Judiciário.

Proposta de custo administrativo

Uma outra proposta é para que os partidos apresentem suas proposições de custos do mandato; proposição essa consistente em uma planilha de custos, discriminando cargos, salários, encargos, equipamentos e tudo mais que entenderem necessários para o exercício da atividade e cumprimento do mandato.

Isto permitirá ao eleitor escolher além da pessoa do candidato, também os melhores projetos de governo e de custo administrativo.

Os projetos de governo e de custo deverão ser apresentados e discutidos durante a campanha eleitoral.

O eleito deve receber a correspondente verba mensal constante do projeto de custo do mandato, e eles custearem sua assessoria; não como ocorre atualmente, os políticos nomeiam seus assessores e estes recebem dos cofres públicos como se fossem funcionários públicos, com cargos e salários sem limites.

Isso permitirá conhecermos o real custo administrativo político, que sem dúvida será bem mais barato que o atual, pois, na verdade, ninguém sabe qual é o real custo da administração política, nem os próprios políticos eleitos.

Esse será o início do controle aos intocáveis gastos do governo, acabando com o demagógico, discutido, debatido e jamais concluído "ajuste das contas do Governo".

Os partidos devem ser mantidos com contribuições de seus filiados e simpatizantes, e as campanhas políticas custeadas pelos partidos, sem qualquer repasse de verbas públicas.

As contas dos partidos e campanhas devem ser contabilizadas, públicas e passíveis de auditorias privadas contratadas por outros partidos.

Os partidos políticos, independentemente de estarem ou não no poder, ou de terem ou não representante no Legislativo, devem participar efetivamente nos destinos e na condução da coisa pública e do bem-estar da população, através dos Conselhos Administrativos, detalhados a seguir.

Conselhos Administrativos

Os Conselhos Administrativos devem existir em todos os órgãos e empresas que recebam ou administrem recursos públicos, e devem ser compostos, funcionarem e gozarem dos poderes e funções nos moldes que seguem.

Os Conselhos Administrativos devem ser compostos por cinco integrantes, todos com conhecimento específico e capacidade, indicados pelos partidos políticos, sendo um de cada partido.

A função desses conselhos deve ser a de fiscalizar e orientar as ações a serem desenvolvidas pelos dirigentes. Deverão ter poderes para impedir a realização de ações em prejuízo dos interesses públicos.

A maioria simples, ou seja, três integrantes do Conselho Administrativo deverão ter o poder de solicitar aos partidos políticos a substituição do integrante de um partido.

A maioria simples terá, ainda, o poder de solicitar ao chefe do Executivo correspondente a substituição do dirigente do órgão ou empresa.

Os pedidos de substituição, seja dos integrantes do Conselho ou dos dirigentes do órgão ou empresa, serão sempre fundamentados e o não atendimento de imediato legitimará o Conselho Administrativo, ou a maioria simples, a requerer ao Poder Judiciário a substituição, devendo, nesse caso, o juiz indicar o substituto.

Os integrantes dos Conselhos Administrativos devem ser corresponsabilizados pelas ações dos dirigentes.

CARTÃO GERAL DE PESSOA FÍSICA

Como uma das bases para consolidação desta Proposta de Reforma, devemos ter o Cartão Geral de Pessoa Física, um cadastro geral que consistirá num sistema de registro e identificação de todas as pessoas físicas residentes no país, sejam elas brasileiras natas, naturalizadas ou estrangeiras.

Ao contrário do que temos hoje no Brasil, os denominados Cadastros Únicos, cujo objetivo é o de identificar as famílias de baixa renda para fins de inclusão em programas assistencialistas e de distribuição de renda, o Cartão Geral de Pessoa Física proposto se destina a ser um instrumento tecnológico que, além de sincronizar as bases de dados dos documentos de identificação vigentes como CPF, RG, CTPS, CNH, PIS, TE e outros existentes, será também um documento de identificação multifuncional que permitirá ao cidadão o direito de usufruir de serviços das áreas da saúde, educação, trabalho, habitação, assistência social, entre outros.

Com as inovações tecnológicas existentes, o cartão contará com um *chip* que permitirá tanto o armazenamento dos dados pessoais do indivíduo quanto a sua identificação quando necessário.

Esse cartão de identificação deverá ser expedido quando do registro de nascimento da criança, sendo atribuído a cada novo cidadão brasileiro o número de seu Cartão Geral de Pessoa Física, que o acompanhará por toda a vida.

Quanto aos já nascidos, deve se estabelecer um prazo para que todos se cadastrem.

Desde o nascimento ou desde o cadastro até a morte, esse cartão acumulará todas as informações sobre o cidadão, como seu registro de nascimento, carteira de trabalho, carteira de habilitação, título de eleitor, contribuição com a previdência, dados do seguro social, registro profissional, endereço pessoal, escolas e universidade que cursou.

Todos os dados relevantes estarão armazenados em um único cadastro, o Cartão Geral de Pessoa Física.

A finalidade desse cadastro não é controlar ou monitorar a vida do cidadão, que continuará tendo liberdade de pensamento e expressão e direito de ir e vir, conforme previsto e assegurado em nossa Constituição.

Sua utilidade será a de um documento único de identificação multifuncional em todo o território nacional e também uma forma de o Estado garantir a toda pessoa residente no país o acesso a serviços essenciais, principalmente em educação, saúde, trabalho e habitação.

Mais adiante vamos abordar os temas educação, saúde, trabalho e habitação com toda a importância e detalhamento que merecem, mas, nesse momento, escolheremos o tema educação apenas para exemplificar a utilidade do Cartão Geral de Pessoa Física.

Somente com educação de qualidade e acessível a todos podemos mudar a condição de um povo para melhor. Assim, o Governo deve garantir acesso à escola de qualidade com padrão de excelência, desde a infância (berçário) até a fase universitária, para toda pessoa residente no país, indistinta e independentemente da condição social. Entretanto, esse serviço não poderá ser gratuito. É aí que mais uma vez utilizaremos o Cartão Geral de Pessoa Física.

O custo do serviço, no caso da educação, ficará concentrado numa espécie de conta-corrente vinculada ao Cartão Geral de Pessoa Física. A cada mês será debitado nessa conta o valor da mensalidade escolar. Se a família do aluno tiver condições de pagar, a conta-corrente será movimentada com um débito e um crédito, e o saldo ficará zerado, sem pendências, mas se a família não puder arcar com essa despesa, mês a mês em que estiver sendo utilizado o serviço, o débito irá se acumulando nessa conta-corrente.

Quando mais tarde essa criança iniciar a sua vida profissional, um percentual de seu salário será destinado para abater o débito gerado no decorrer dos seus estudos, afinal, colherá frutos desse estudo de qualidade obtendo ótimas oportunidades de trabalho. Portanto, nada mais justo que essa pessoa devolva os recursos que foram investidos em sua educação.

O que vemos atualmente neste regime democrático são pessoas com recursos financeiros abundantes ingressando nas melhores universidades públicas, pois tiveram um ensino médio de excelente qualidade em ótimas escolas privadas, enquanto que aqueles que concluem o ensino médio nas escolas públicas ficam em desvantagem para concorrer a essas mesmas vagas em universidades públicas.

Para constatar, basta ficar parado nos portões das universidades públicas e ver as roupas e calçados de grifes e os automóveis que os alunos possuem.

No contexto atual, o universitário que pode pagar por seus estudos utiliza a universidade pública gratuitamente; quem não tem condições financeiras não estuda, ou faz como a minoria que tem muita determinação e se sujeita aos programas demagógicos do governo, que gasta mais na publicidade desses programas do que no custeio dos alunos.

Da mesma forma acontecerá com os gastos com a saúde. Teremos um atendimento com ótimo padrão de qualidade do qual todos poderão se beneficiar de serviços como consultas, exames, análises laboratoriais, internações, cirurgias, procedimentos, medicamentos e outros que forem necessários para uma saúde de qualidade. Se o cidadão não puder pagar essa despesa, ela será debitada em outra conta-corrente vinculada ao mesmo Cartão Geral de Pessoa Física, e, de acordo com a possibilidade futura do cidadão, um determinado percentual de seu salário será utilizado para amortizar a dívida.

Assim como acontece com a educação, vemos pessoas com condições de pagar, utilizando os serviços públicos de saúde, enquanto os que não podem pagar, não têm tratamento digno.

Além de saúde e educação, o povo necessita de moradia digna.

A proposta é para que todo o cidadão com o Cartão Geral de Pessoa Física possa adquirir uma moradia. E não podendo pagar a prestação, que esta despesa seja debitada em outra conta-corrente vinculada ao mesmo Cartão Geral de Pessoa Física e, de acordo com a possibilidade do cidadão, um determinado percentual de seu salário será utilizado para amortizar a sua dívida. Como acontece com a saúde e educação, vemos pessoas obtendo financiamentos milionários subsidiados pelo governo, enquanto pessoas humildes e trabalhadoras não conseguem sequer preencher os formulários que lhes são apresentados para análise de condições, cadastro, vida pregressa.

Todos esses débitos salariais não poderão ultrapassar um percentual a ser definido e limitado por profissionais das áreas de planejamento e serviço social do governo federal, a partir de análise e de acordo com a condição social do indivíduo.

Vejamos um pouco mais sobre os objetivos e benefícios da implantação desse mecanismo de unificação de informações: o Cartão Geral de Pessoa Física.

Objetivos:

1. oferecer ao cidadão brasileiro a possibilidade de portar um único documento de identificação multifuncional, válido em todo o território nacional;
2. garantir a todos os cidadãos, independentemente da condição social, acesso a serviços com alto padrão de qualidade, principalmente nas áreas de educação, saúde, trabalho e habitação;

3. concentrar, em um mesmo cadastro, informações relevantes sobre cada cidadão brasileiro.

Benefícios:

1. diminuir a quantidade de documentos pessoais. Integrar todos os documentos usados no dia a dia em um único cartão multifuncional;
2. garantir maior segurança na identificação dos cidadãos;
3. simplificar os processos e procedimentos, eliminando a burocracia dos atuais órgãos de expedição de documentos;
4. economizar recursos, meios e custos, tanto para o Estado quanto para os cidadãos e para as empresas;
5. aumentar a qualidade na prestação dos serviços, agregando modernização administrativa e tecnológica.
6. controlar a participação populacional em programas sociais.
7. proporcionar estudos estatísticos por idade, situação civil, grau de escolaridade, permitindo um melhor planejamento regional.

É fato notório e incontestável que nosso país tem recursos suficientes para cobrir e financiar essas despesas. Atualmente os governos arcam com os altos custos e com baixa qualidade a educação, a saúde e a moradia, e ainda financiam, com recursos de todos, propostas e projetos que beneficiam poucos.

Assim, é imperioso concluir que recursos existem para financiar bens e serviços básicos e necessários para a dignidade das pessoas, durante algumas décadas, até que se crie um ciclo virtuoso onde todos os cidadãos brasileiros possam usufruir e custear os serviços com padrão de qualidade.

Esse sistema é inédito em nível mundial.

Para alguns pode representar apenas uma utopia, porém, trata-se de uma proposta palpável e possível de concretização, sobretudo, se juntos, em uma só voz, unirmos profissionalismo, planejamento, vontade e boa-fé.

O Brasil é um país extremamente rico, com capacidade e recursos de sobra para transformar-se em um país com excelente e exemplar qualidade de vida. Uma terra vitoriosa onde seus filhos poderão contar com prosperidade, progresso e justiça social.

Foi muito feliz Charles Chaplin quando disse: "O mundo está nas mãos daqueles que têm coragem de sonhar e correr o risco de viver seus sonhos".

PROPOSTA PARA A EDUCAÇÃO

Na forma de governo proposta, todas as pessoas terão direito e oportunidades iguais de acesso à educação de qualidade. Não da maneira que teoricamente prevê a nossa Constituição, mas na forma de direito e de fato na qual a educação se traduz como direito humano fundamental, pois esse é o único processo social capaz de transformar realidades injustas e elevar o cidadão e toda uma sociedade ao progresso.

A transmissão de conhecimentos, hábitos e padrões culturais gera no indivíduo uma consciência cívica e humanista e constitui a grande oportunidade de desenvolvimento humano essencial para garantir o gozo de direitos e consciência do cumprimento de deveres. Falar de educação é falar em direitos humanos.

Conceito

A proposta é que embora a educação seja responsabilidade e obrigação do governo, a administração deverá ser sempre e em todos os níveis nos moldes da iniciativa privada.

É notória a lacuna que temos hoje entre a qualidade da educação pública e a da educação privada que se mostra superiormente mais eficiente.

O Ministério da Educação deve criar regras e procedimentos básicos que as escolas deverão cumprir e oferecer aos seus alunos. O controle, a fiscalização, a auditoria e o currículo escolar para todos os cursos serão de responsabilidade do Governo.

Tal como na administração, o sistema de ensino também deve seguir os mesmos moldes do atual sistema das escolas privadas.

Construir escolas pode até continuar sendo uma demanda obrigatória do Governo, porém a administração será sempre e em todos os níveis semelhante ao sistema privado.

O Governo não deve e não pode administrar a educação, porque o que temos visto ao longo dos tempos é que tudo o que o governo administra, se comparado à iniciativa privada, é desastroso, caro e ineficiente.

Por isso, e para que tenhamos uma educação de qualidade e a custo bem inferior ao praticado pela administração pública, o sistema educacional será gerido como uma empresa privada, no qual uma diretoria receberá as concessões do Governo, e este terá o dever de fiscalizar o desempenho da qualidade e produtividade do ensino.

Além da fiscalização do Governo, toda e qualquer unidade educacional deverá ter um Conselho de Administração, sempre composto por cinco integrantes, um de cada partido político, indicados pelos partidos, pois sabemos que se ficar unicamente a cargo do Governo, a fiscalização não será eficiente.

Agindo dessa forma, o ensino terá seu custo reduzido em comparação aos custos atuais, e os salários do corpo docente e administrativo deverão ser justos e condizentes com a atividade, com planos de carreira que incentivem a permanência na função e adequada formação profissional.

Esse sistema público-privado não tem por objetivo acabar com as escolas privadas, nem privatizar a educação. Entretanto, quem tiver condições de estudar em uma escola totalmente privada poderá fazê-lo. Haverá entre as escolas maior concorrência, inclusive entre as escolas público-privadas e as escolas totalmente privadas.

Nesse setor da sociedade, a união de forças entre a gestão pública e a privada resultará em um benefício de grande valor para toda a coletividade.

Oportunidades para todos

Toda população terá oportunidade igual de estudar e de se graduar para atingir e concluir o curso superior na área de sua escolha.

As famílias terão a obrigação de matricular seus filhos nas escolas, zelar pelo desenvolvimento de suas crianças e participar da evolução de sua educação, com a certeza de que estarão plantando as sementes para uma nação desenvolvida.

A escola será acessível a todos, sem distinção.

Na falta de instituições de ensino púbico-privadas, os alunos poderão ingressar nas instituições privadas com a mesma possibilidade de pagar a mensalidade com o Cartão Geral da Pessoa Física.

Custo

Esse sistema de educação público-privada não será gratuito. Entretanto, conforme relatamos no capítulo anterior, ao falarmos sobre o Cartão Geral de Pessoa Física, será garantido o acesso à educação de qualidade a todos, desde o berçário até o curso superior, estendendo-se à pós-graduação, mestrado, doutorado e pós-doutorado.

Será estabelecida uma mensalidade de acordo com os benefícios que as escolas oferecerem, cabendo à diretoria, com a supervisão do Conselho de Administração, elaborar a planilha de custos para que se estabeleça o valor justo e correto da mensalidade.

O valor da mensalidade será estabelecido com base em uma planilha de custos que inclua a remuneração e demais encargos de todos os profissionais necessários para a prestação do serviço, funcionamento, manutenção e conservação da unidade escolar. Serão computados também os custos com material didático, equipamentos, material de conservação e manutenção, despesas de consumo e outros gastos necessários a uma educação de qualidade.

Cada unidade de ensino terá sua própria planilha de custo e em nenhum caso a unidade de ensino visará lucro.

Forma de pagamento

A unidade escolar emitirá a cobrança da mensalidade. O aluno poderá pagar com recursos próprios ou com o Cartão Geral da Pessoa Física; nesse caso, o Governo pagará a fatura do Cartão Geral da Pessoa Física, e a unidade escolar receberá e manterá a administração da unidade.

O valor da mensalidade escolar será debitado na conta do Cartão Geral da Pessoa Física que poderá ficar acumulado, como já explicado no capitulo sobre o Cartão Geral da Pessoa Física.

A educação financeira também deve começar na infância, por isso, o aluno, no decorrer de sua formação, será conscientizado de que seus estudos são financiados pelo Governo, entretanto, também será conscientizado de que existe um custo financeiro que um dia deverá ser saldado. Desde muito cedo é preciso ensinar o valor do dinheiro às crianças e aos jovens. É importante dar a elas a consciência de que nada cai do céu.

Todos estarão cientes de que conseguirão empregos qualificados e bem-remunerados em decorrência dos estudos que receberam.

É justo que essa pessoa devolva ao Estado os recursos que foram aplicados em sua educação, assim, vamos criar um ciclo, e durante esse ciclo, a educação vai atingindo a todos. Não haverá mais a preocupação em conseguir um Prouni, Fies, financiamentos públicos, arranjos com políticos para conseguir vagas em escolas que acabam beneficiando uns e prejudicando outros.

Hoje poucos têm a oportunidade de estudar, mas com essa nova proposta não haverá mais vagas em escolas públicas ocupadas por pessoas que têm condições de pagar, mas sim por pessoas que têm vontade de estudar e não têm condições de pagar.

Não será mais preciso correr atrás de bolsas, financiamentos, programas governamentais demagógicos, favores de políticos, tudo isso acabará e a oportunidade será ampla, geral e irrestrita.

Ninguém poderá dizer que não estuda por falta de condições financeiras. E sabendo que todos um dia terão de pagar o estudo custeado pelo Governo, quem tiver condição de pagar não deixará acumular seu débito no Cartão Geral da Pessoa Física.

Qualidade

O Governo, além de pagar a mensalidade de quem não puder, terá a obrigação de fiscalizar e garantir o acesso a todos e em igualdade de condições a uma educação de excelência com profissionalismo e infraestrutura de elevada qualidade.

Para tanto, as escolas deverão sempre investir em aprimoramento para a formação dos alunos, o que inclui capacitação constante do corpo docente, administrativo e de servidores.

De acordo com a definição da Unesco, uma educação de qualidade deve ser baseada num quadro de direitos humanos e abordar áreas como a diversidade cultural, a paz e a não violência. E é nesta linha que devemos atuar.

Fiscalização

Será dever de todos informar aos órgãos responsáveis quando se verificar qualquer desvio na qualidade do ensino.

Haverá fiscalização e auditoria quanto às contas, receitas e despesas pertinentes à educação.

Caberá ainda ao Legislativo a função e obrigação de fiscalizar as ações, condições e custos do ensino.

Hoje o Poder Legislativo somente faz "politicagem", e como nesta proposta "político" será uma profissão, assim como todos os profissionais eles também terão de apresentar o fruto de seu trabalho, e uma de suas funções será a de fiscalizar a educação. Todo e qualquer desvio de conduta observado pelo Poder Legislativo será encaminhado ao Poder Judiciário para que sejam tomadas as devidas providências. Este verificará, analisará e julgará o ocorrido, seja por conduta ou por aplicação indevida dos recursos que a instituição recebe, se está em conformidade com os princípios e regras estabelecidos pelo Ministério da Educação.

Em todos os níveis haverá fiscalização, fazendo com que a educação seja o princípio básico, modelo fundamental a ser implantado na instrução de cada aluno, desde o berçário até o ensino superior. Dessa forma e com esse modelo, as escolas terão qualidade e todos poderão usufruir da melhoria constante.

Funcionamento das escolas

As escolas devem funcionar em tempo integral, diferente de como funcionam hoje.

À criança, ao adolescente ou àqueles que optarem por ficar na escola aprendendo um ofício, praticando um esporte, estudando artes ou outras atividades complementares, como orientação de estudos e reforço escolar, as escolas deverão oferecer todas as condições para o desenvolvimento daqueles que assim desejarem.

Desenvolvimento de novos talentos

Investir em alunos que logo cedo apresentam habilidades especiais significa não só enriquecer a vida do estudante, como, a longo prazo, trazer muitos benefícios ao país.

Em época de Olimpíadas e de outras competições, observamos muitas críticas aos nossos atletas, entretanto, nos esquecemos de que a maioria deles só está ali por conta de muito talento e perseverança, muitas vezes graças ao apoio da família, amigos e treinadores. Isso porque não se investe em esportes.

Atualmente as escolas públicas não oferecem condições mínimas para desenvolver os talentos dos atletas.

Nesta proposta, as oportunidades devem ser iguais a todos. Aos que desejarem dedicar-se à prática de esportes, as instituições de ensino deverão dar condições e todo o respaldo necessário para que tenham suas oportunidades garantidas.

Semelhantemente, tal procedimento deverá se estender para as artes (música, desenho, pintura, escultura, poesia, literatura, idiomas, culinária etc.).

Um país que se preocupa em investir nos jovens, prepara-se para um futuro de desenvolvimento e glória.

O Brasil é celeiro de novos talentos, seja nas ciências, artes ou nos esportes, basta que as oportunidades se façam.

Essa reforma não acontecerá da noite para o dia, mas o início de uma longa caminhada se inicia com o primeiro passo, e sem parar pelo caminho se atinge o objetivo. Com planejamento, honestidade, boa vontade, fiscalização efetiva e perseverança, chega-se aonde quiser.

A escola tem a responsabilidade de formar pessoas e prepará-las para um mundo melhor, no qual aptidões serão desenvolvidas em sentido definitivamente amplo.

Todos poderão estudar e terão a oportunidade de escolher uma profissão digna; poderão se dedicar a um esporte, à arte ou a qualquer outra área do conhecimento que será oferecida pela escola, cuja base fundamental é cooperar para o bem-estar e desenvolvimento da nação.

Trata-se de uma iniciativa privada, concedida pelo Estado, que promete um grande avanço na área da educação, e como consequência um avanço na formação e prosperidade da nossa população.

A base fundamental de um povo está ancorada na educação, portanto o sucesso desta Proposta de Reforma Política e Administrativa nos levará a um resultado inverso daqueles que semeiam o mal na política e não querem que as pessoas progridam e adquiram conhecimentos. Temem porque sabem que a cultura leva à verdade, que vem acompanhada da possibilidade de cobranças.

Uma nação cuja população está preparada, sempre cobrará daqueles que estão no comando.

Investir em educação é sinônimo de progresso, crescimento e evolução.

O objetivo não é criticar quem quer que seja, e sim proporcionar o bem-estar da população para o progresso da nação, contribuindo para o desenvolvimento da coletividade e do conhecimento humano.

PROPOSTA PARA A SAÚDE

> "A saúde é direito de todos e dever do Estado, garantido mediante políticas sociais e econômicas que visem à redução do risco de doenças e de outros agravos e ao acesso universal e igualitário às ações e serviços para a sua promoção, proteção e recuperação."

É o que expressa a Constituição Federal no seu Artigo 196. Entretanto, não é isso que acontece no dia a dia dos brasileiros. Assim, dando sequência à Proposta de Reforma Política e Administrativa apresentada no decorrer deste livro, vamos expor as ideias para melhoria da qualidade do serviço de saúde no Brasil, assunto considerado pela população brasileira como um dos maiores problemas enfrentados no país, pois a saúde pública encontra-se em situação caótica.

Tal como a educação, a saúde, embora sob responsabilidade do Governo, deverá ter sua administração em todos os níveis nos moldes da iniciativa privada, porém deverá ser de responsabilidade do Estado a sua fiscalização.

O sistema de saúde deverá ser gerido e administrado como se cada unidade de saúde fosse uma empresa privada, e isso inclui os hospitais, postos de saúde, centros de saúde, laboratórios de análises e de exames e todos os demais que estiverem relacionados à saúde.

Para melhoria da saúde, não faltam recursos, o que falta é gestão, vontade, respeito, responsabilidade e honestidade.

O serviço de saúde deve ser financiado pelo Estado, mas a gestão deve ser executada exclusivamente por diretorias e conselhos administrativos, como no modelo proposto, com cinco integrantes, um de cada partido político, indicados pelos partidos políticos e gerenciados nos moldes da iniciativa privada.

Com isso, obviamente haverá custos para os usuários. Sendo assim, haverá a necessidade de se estabelecer regras claras para que as mudanças no sistema sejam efetivas.

Atualmente, o serviço de saúde pública tem um custo exorbitante, porque na maioria dos casos verbas são desviadas, há superfaturamento, desvio de materiais e medicamentos, anotações de procedimentos que não são executados, realização de cirurgias e procedimentos que nem sempre são necessários, desperdícios em geral e muitos outros gastos que não se vê na iniciativa privada.

Quando falamos dos planos de saúde da iniciativa privada, observamos que portam tabelas que incorporam valores de vários procedimentos. Esses preços são majorados, fictícios, simbólicos e glosados; quando se trata de receber, o valor é majorado, porém quando se trata de pagamento pelo plano de saúde para o prestador de serviço: médicos, hospitais, laboratórios e outros, os valores são glosados. Vamos propor valores corretos e justos.

Com o Cartão Geral de Pessoa Física, deverá ser acessada a conta-corrente relativa à saúde. Todos os valores provenientes de serviços de saúde utilizados pelo cidadão serão debitados em sua conta-corrente até a quitação da dívida. Se o usuário tiver condições de pagar com recursos próprios ou por intermédio de convênios médicos privados, poderá fazê-lo; caso não possa pagar, os valores serão debitados em seu Cartão Geral de Pessoa Física, e irão se acumulando.

Independentemente do montante acumulado nessa conta, necessitando utilizar os serviços, o cidadão será atendido em igualdade de condições com os demais.

Todos terão direito à saúde.

Quanto ao pagamento desses valores acumulados, ficará estabelecido de forma justa, perfeita e de acordo com a condição social do indivíduo, um percentual do seu ganho mensal para que seja destinado à amortização dos valores.

O sistema atual deixa a desejar em todas as circunstâncias. Há pessoas que utilizam os serviços públicos de saúde — que é um direito garantido —, porém têm condições de arcar com as despesas pertinentes ao tratamento. Por outro lado, vemos aquele que de fato necessita marcar uma consulta com uma determinada especialidade e tem a sua sentença de morte proclamada porque a demora para ser atendido ultrapassa qualquer expectativa da coerência racional.

Não podemos admitir que pessoas venham a óbito por falta de atendimento em uma unidade de pronto-socorro.

Com a administração nos moldes da iniciativa privada, na qual existirão custos justos e coerentes ao paciente, a tendência é que ocorram melhorias de qualidade no atendimento.

Os ocupantes dos cargos das diretorias, e os indicados para compor os conselhos administrativos da rede de saúde, sabendo que seus cargos não são vitalícios, estarão conscientes da obrigação de proporcionar serviços com qualidade e custos justos. Sabedores ainda que se forem constatados desvio de conduta, e mais, tendo eles autonomia e a possibilidade de substituir os profissionais com mais liberdade, acompanharão e fiscalizarão os profissionais da saúde, cobrando para que cumpram com suas obrigações, deveres e compromissos. Assim, inevitavelmente haverá uma melhor prestação de serviços com melhorias na qualidade e dedicação, sendo a população a mais beneficiada.

Os profissionais do serviço público-privado de saúde devem ser bem-remunerados, porque dessa forma haverá empenho e qualidade no serviço prestado, digno do povo dessa imensa nação.

Tudo será melhor, todos os procedimentos serão justos, não haverá procedimentos com intuito de reembolsos "por fora", o que hoje é uma prática no sistema público de saúde, bem como os agentes de saúde não terão como desviar equipamentos, materiais, medicamentos etc.

É necessário informar o povo que essa mudança se faz necessária para que tiremos o sistema de saúde da UTI.

Todos devem se conscientizar de que o que está sendo proposto para o serviço de saúde nada mais é que um progresso em benefício da coletividade, que haverá custos, porém haverá benefícios para todos os usuários.

Com esse sistema administrativo evitam-se os desmandos, os desvios e os "apadrinhamentos". Vamos ter um controle maior, a saúde terá custos justos muito aquém dos custos do atual sistema.

A nossa saúde é preciosa, temos profissionais altamente capacitados e comprometidos, mas o custo para a sua preservação tem de ser justo e controlado, de forma diferente da que existe hoje: "a indústria da doença". O controle efetuado pelo próprio usuário do serviço de saúde garantirá a certeza de estar pagando e investindo em algo sério.

O controle existente para cada cidadão será efetivo, portanto, o que a pessoa utilizou em um serviço de saúde terá de ser pago. O débito será lançado no Cartão Geral de Pessoa Física e no final de cada mês a fatura será encaminhada para que o Governo efetue o pagamento quanto aos serviços efetivamente prestados. Não importa que no decorrer de sua vida os usuários não paguem os valores cobrados pelos serviços utilizados, mesmo assim, os gastos do Governo com a saúde serão muito menores do que os gastos atuais.

Façamos um ensaio: a saúde será custeada pelo usuário de uma forma justa e correta. Na atual democracia, na qual os valores estão invertidos, muitos levam vantagens e, evidentemente, há os que sempre saem prejudicados. Portanto, o sistema de saúde tem de ser público-privado.

O Estado poderá construir hospitais, centros de pesquisas, centros de saúde e correlatos, no entanto, a administração será das diretorias e conselhos administrativos para gerenciamento nos moldes da iniciativa privada, aumentando dessa forma a rede para atendimento à saúde coletiva.

O Estado não terá que se preocupar com a contratação de profissionais dessa área, pois isso caberá à diretoria gestora da administração.

Isso possibilitará aos médicos, enfermeiros, técnicos e auxiliares terem dois, três ou quatro empregos, ou seja, quantos tiverem condições de honrar com dedicação e profissionalismo.

Sabemos que na iniciativa privada a competência profissional é de fundamental importância para se manter empregado, ao contrário do que acontece atualmente no serviço público de saúde, pois aquele que não estiver ajustado às exigência do seu cargo será despedido. No atual serviço público de saúde há profissionais que maltratam os pacientes, e seus superiores geralmente não podem tomar atitude para repreensão do mau comportamento do profissional, porque esse está amparado por garantia de emprego (estabilidade ou apadrinhamento político); sem contar que muitos recebem sem trabalhar, pelos mesmos motivos, ou porque seus padrinhos políticos são fortes, ou porque as chefias não têm moral ou poderes para exigir o cumprimento de suas obrigações.

Na falta de unidades de saúde público-privada, todo aquele de necessitar de atendimento médico poderá utilizar as instituições privadas com a mesma possibilidade de pagar o custo do atendimento com o Cartão Geral da Pessoa Física.

É possível mudar e melhorar significativamente com a reforma proposta.

Todos serão bem atendidos. Quem não quiser usar a rede do serviço público-privado poderá ter o seu plano de saúde, que por sua vez, para manter-se no mercado, terá de oferecer melhores condições do que as da rede de saúde público-privada. Desse modo, todos terão condições de tratar-se e preservar a saúde com dignidade.

O que se propõe é uma compensação na qual as pessoas contribuirão, mas receberão de volta o que estão pagando.

Não há dúvidas de que com um trabalho sério, comprometido e minuciosamente fiscalizado haverá melhoria visível de saúde, bem-estar e qualidade de vida da população brasileira.

Daremos um adeus à falta de atendimento médico adequado, às unidades superlotadas e às longas e intermináveis esperas. Não teremos mais profissionais negligentes em parceria com governantes corruptos. Nos corredores de hospitais não presenciaremos mais crianças, gestantes e idosos morrendo injustamente enquanto aguardam aquilo que é de direito.

A confiança é de que no lugar de pranto e desolação tenhamos nos quatro cantos desse imenso Brasil a valorização da vida com um serviço de saúde efetivo e cada vez mais humanizado.

Por isso, mãos à obra, pois a saúde não pode mais esperar!

PROPOSTA PARA O TRABALHO

Após as propostas de reforma na educação e na saúde vamos focar no trabalho, já que este é sinônimo de dignidade e desenvolvimento humano.

O desemprego é, sem dúvida, um dos grandes desafios sociais deste século. É um grave problema que resulta no aumento da fome, da violência, da criminalidade e da vida indigna para os cidadãos.

Em nosso país, embora a geração de empregos tenha aumentado nos últimos anos, ainda existem milhões de brasileiros desempregados.

Com a globalização e o rápido desenvolvimento tecnológico, muitos postos de trabalho foram extintos ou substituídos pela automação e as vagas que surgem, devido à alta exigência do mercado de trabalho, quase sempre são direcionadas àqueles que estão qualificados, fazendo com que as pessoas mais carentes não tenham condições de trabalhar.

Não é por isso que a tecnologia deva ser encarada como vilã, pois ela também cria oportunidades. Os processos de inovação fazem parte da evolução humana, porém, paralelo ao progresso, o Governo precisa oferecer soluções práticas no combate ao desemprego, mais programas de qualificação profissional e oportunidades de acesso ao ensino de qualidade.

O custo do desemprego é elevadíssimo tanto em prejuízos econômicos para o Estado quanto em desgastes emocionais e psicológicos para o cidadão, pois os longos períodos de desemprego levam o indivíduo à diminuição da autoestima, depressão e tantos outros males que promovem a deterioração e desagregação social.

A Proposta de Reforma para essa área é que todos tenham direito ao trabalho digno, de acordo com sua capacidade, com vínculo empregatício na iniciativa pública, na iniciativa privada ou amparado em um Programa de Trabalho e Renda, sério, justo, honesto e rigorosamente controlado.

Algumas soluções funcionais e práticas que seguramente se mostrarão eficazes na luta contra o desemprego e, consequentemente, contra a desigualdade social:

1. Firmar parcerias entre os governos municipais e as empresas locais que estejam interessadas em absorver a demanda dos profissionais disponíveis na região.
2. As prefeituras deverão manter um banco de empregos para cadastramento, tanto das oportunidades de trabalho quanto dos profissionais interessados. Através do Cartão Geral de Pessoa Física, que permitirá o armazenamento dos dados pessoais do indivíduo, tão logo o profissional seja desligado de uma empresa, a prefeitura de sua cidade receberá um alerta e imediatamente poderá tomar as providências de recolocação desse cidadão.
3. As Secretarias de Trabalho municipais ou de Ação Social deverão estar qualificadas e adequadas para atender a essa nova demanda do município, tanto com funcionários especializados quanto com espaço físico.
4. Todas as vezes que um trabalhador perder o seu emprego, caso não haja disponibilidade de vaga para que retorne ao trabalho, a prefeitura de sua cidade, através do centro de atendimento ao trabalhador mais próximo de sua residência, o contratará temporariamente até que este seja recolocado no mercado. Dessa forma, não haverá desemprego, porque os profissionais que estiverem parados devido à dispensa do trabalho

pela iniciativa pública ou privada prestarão temporariamente serviços compatíveis com seus conhecimentos e sua qualificação, recebendo remuneração também compatível com seus conhecimentos e sua qualificação.

5. Com o Cartão Geral de Pessoa Física, o controle deve ser rigoroso para que não haja duplicidade de ganhos por parte do desempregado e o Estado não seja lesado. Essa também será uma forma de colaborar com a mobilidade urbana e facilitar a vida do trabalhador, evitando os grandes deslocamentos até o trabalho.
6. As empresas quando necessitarem contratar profissionais, para qualquer atividade, poderão se dirigir aos centros de atendimento ao trabalhador, onde consultarão a disponibilidade dos profissionais que atendam à sua necessidade. Esses centros acolherão todos os profissionais oriundos da iniciativa pública ou privada que necessitem voltar ao mercado de trabalho.

Atualmente existe o "clube" do desemprego, onde se recebe salário-desemprego, "vale miséria" e outros benefícios que induzem o cidadão a fazer parte da "congregação de dias e dias parados", o que representa um gasto excessivo à União e um estímulo ao ócio. Esses procedimentos não mais existirão. Durante o período em que não estiver devidamente recolocado no mercado de trabalho, o cidadão estará à disposição do Estado e receberá sua remuneração justa e mensal, no entanto estará prestando serviços à comunidade.

Simultaneamente, esse cidadão terá a oportunidade de participar de programas de requalificação profissional que lhe darão novas oportunidades e possibilidades de crescimento, além de agilizar o seu retorno a um posto de trabalho.

Quanto ao primeiro emprego, os jovens em idade permitida por lei para trabalhar também estarão à disposição do Estado, prestando serviços locais até que o serviço de recolocação possa encaminhá-lo a uma vaga fixa, seja na iniciativa pública ou privada. É importante ressaltar que, enquanto estiverem prestando esses serviços, os jovens deverão ser remunerados e devidamente preparados para as exigências do mercado de trabalho com uma educação de alto nível de qualidade.

Com o controle executado pelo Estado, todos os cidadãos terão oportunidades e condições de trabalho digno.

Hoje, quantos e quantos padecem com o desemprego, sem contar aqueles que se encontram afastados por algum problema relativo à saúde. Nesse caso, também terão oportunidades.

Os trabalhadores que se encontrarem afastados por motivo de saúde, desde que tenham condições de se locomover, deverão se apresentar no Centro de Atendimento ao Trabalhador, onde a rotina de exames de saúde deverá ser realizada e, com base na avaliação médica, poderão ficar à disposição para trabalhar em atividades que estejam ao seu alcance.

Sabemos que são poucas as pessoas que não têm condições de fazer absolutamente nada. Aqueles que forem considerados incapazes para exercer qualquer função deverão receber toda assistência do Estado para que possam levar uma vida digna.

Vejamos mais algumas ações propostas para viabilizar as oportunidades de trabalho para todos:

- garantir o acesso à educação de qualidade desde a primeira infância, pois a educação é um direito fundamental que contribui não só para o desenvolvimento do país, mas também do indivíduo;

- disseminar pelo país o ensino técnico-profissional para preparar e qualificar os jovens e reforçar a formação inicial;
- criar, em parceria com a iniciativa privada, programas de requalificação para as faixas etárias mais elevadas ou para as pessoas que possuem pouca experiência de trabalho, estimulando esses profissionais a se qualificarem para trabalhar em setores que exigem mais interação entre as pessoas, onde a substituição do homem pela máquina é menor (comércio, construção civil, agronegócio);
- estimular os adultos a voltarem a estudar com o objetivo de se integrarem mais facilmente ao mercado de trabalho;
- incentivar a criação de micro e pequenas empresas, com a desburocratização dos serviços e redução da carga tributária;
- criar frentes de trabalhos sociais para as situações emergenciais e de calamidades ou excepcionais, como secas, enchentes, epidemias, combate ao analfabetismo, segurança, controle e fiscalização do meio ambiente, entre outras.

O que a população não suporta mais é simplesmente pagar imposto, ser explorado e não receber nada em troca.

Reconhecendo que todos têm os mesmos direitos de cidadania e bem-estar social, contribuirão para que haja qualidade de vida em um sistema comum.

Sem dúvida, a proposta será criticada, alguns dirão que se trata de uma utopia. É bem provável que a crítica venha também de pessoas que não queiram efetivamente trabalhar, mas sim tirar vantagens com programas sociais sem contrapartida. Essas pessoas sempre reclamarão.

Mas, partindo da premissa que a maioria das pessoas é do bem e está bem-intencionada, não há porque duvidar que quando sentirem-se valorizadas, exercendo atividades úteis, remuneradas justamente, um novo horizonte surgirá em suas vidas.

Perceberão que a frase tão comumente usada de que "o trabalho dignifica o homem" vai muito além do simples ganha-pão, pois traz realização pessoal e sentido para os dias. Cenários tristes de desigualdade são transformados com melhoria da qualidade de vida e o sonho distante de justiça social com saúde, educação, trabalho e segurança passa a ser vislumbrado na realidade do dia a dia.

PROPOSTA PARA A HABITAÇÃO

Já foram apresentadas propostas para reforma na educação, saúde e trabalho, agora, então, vamos falar de habitação, já que esse é outro sinônimo de dignidade humana.

Moradia digna é um grande desafio social. Os programas habitacionais existentes são tímidos, ineficientes, têm custos elevados, não atendem à demanda, privilegiam alguns e discriminam muitos.

A falta de moradia, a moradia indigna e a moradia em condições de risco trazem para o Estado custo vultoso. Mas são bandeiras exploradas em campanhas políticas e eleitorais, e o povo é usado com promessas e mais promessas com movimentos orquestrados enquanto o problema só aumenta.

A proposta é que todos tenham direito à moradia digna, de acordo com sua capacidade e real necessidade.

A proposta prevê soluções funcionais e práticas que seguramente se mostrarão eficazes na luta contra a falta de moradia.

Com a Proposta de Trabalho implantada, as pessoas poderão fixar residência onde melhor lhe convier, sem a necessidade de buscar os grandes centros onde existem mais oportunidades.

Assim, os governos municipais, além do cadastro de oportunidades de trabalho e do cadastro dos profissionais interessados em trabalhar, deverão cadastrar no Cartão Geral de Pessoa Física a necessidade de moradia, que poderá ser urbana ou rural.

É realidade que muitas pessoas deixam a zona rural e se aventuram na zona urbana por falta de oportunidades e condições de sobrevivência.

Apenas esclarecendo: esses movimentos de trabalhadores "sem terra", que de trabalhadores têm pouco, pois invadem propriedades e nada produzem, na verdade, são vítimas de aproveitadores que usam o "movimento" para benefício de poucos, sempre com cunho político demagógico.

O mesmo ocorre com os movimentos dos "sem teto", sendo os participantes também induzidos e instigados a invadir propriedades públicas ou privadas, quando na verdade também são vítimas de aproveitadores que, da mesma forma, usam as pessoas para benefício de poucos, sempre com cunho político, eleitoreiro, demagógico e muitas vezes desumano.

É sabido e está mais do que comprovado que o poder público é ineficiente, pois, se compararmos à iniciativa privada, tudo o que faz é mais caro e sem qualidade. Por isso, a construção de moradias deve ser exclusivamente de responsabilidade da iniciativa privada. Somente a iniciativa privada é quem poderá acabar com o déficit habitacional.

Da mesma forma como acontece na educação e saúde, com o Cartão Geral de Pessoa Física, qualquer pessoa deve ter a oportunidade de adquirir uma moradia urbana ou rural sem necessidade de aprovação de financiamento.

Estando a propriedade com a documentação regularizada, com valor justo e sendo o valor condizente com a renda ou possibilidade de ganhos da pessoa, quem ainda não tiver propriedade imóvel poderá adquirir a sua.

O Governo deve pagar a aquisição e o débito passar para uma conta-corrente vinculada ao Cartão Geral de Pessoa Física. Mensalmente, o adquirente paga um percentual de seu salário que vai sendo abatido do débito, podendo o interessado a qualquer tempo quitar sua dívida e adquirir a propriedade.

Enquanto existir saldo devedor, a pessoa não se tornará proprietário, mas utilizará o imóvel como se fosse seu e terá garantido o direito sobre a propriedade.

Falecendo o adquirente, caso os herdeiros não tenham outra propriedade, poderão transferir o direito e nas mesmas condições continuar pagando um percentual do salário que vai sendo abatido do débito de seu antecessor até quitação final.

Caso os herdeiros tenham outro imóvel ou estejam gozando de igual condição em outro imóvel, em tendo condições poderão quitar o débito e adquirir a propriedade ou, ainda, poderão transferir seus direitos por valor justo e condizente com seu direito.

Com esse sistema proposto todos serão beneficiados, porque toda a sociedade fará parte de um sistema no qual as oportunidades existirão para todos e a desigualdade social será cada vez menor.

Chega de ilusões e enganações, não deixemos mais nos enganar, vamos agir, reconhecer nossos direitos e responsabilidades e transformar em realidade o estabelecido na Assembleia Geral das Nações Unidas ao proclamar a Declaração Universal dos Direitos Humanos, que estabelece que toda pessoa tem direito ao trabalho, à saúde, à instrução e à moradia.

CONCLUSÃO

Este é nosso primeiro trabalho em forma de livro.

Fruto de reflexões com expectativa alvissareira, o que se pretende é que a partir deste trabalho se inicie um espaço para outras reflexões que possam ser melhor dimensionadas no campo das discussões deste tema.

Este trabalho é bastante pretensioso, no entanto esse impulso para atos arrojados ou difíceis fazem dessa pretensão algo que se apequena frente à totalidade de mudanças que se fazem necessárias.

Muito resta a ser dito e explorado, seguramente muitos assuntos poderiam ter sido abordados e discutidos. As omissões não são propositais ou considerada menos importantes, mas nossa tentativa foi a elaboração das principais proposições.

É necessário abordar, explorar e aprofundar discussões sobre uma revisão geral de temas como: Ajuste Fiscal; Sistema tributário; Segurança pública; Sistema prisional; Sistema previdenciário; Reformulação dos Tribunais de Contas; Reformulação da legislação ordinária nas áreas cíveis, penais, trabalhistas, eleitorais, administrativas, comerciais, enfim, em todas as áreas de interesse direto para o bem-estar da população e do controle e contenção dos gastos públicos; e certamente uma reformulação e revisão das normas constitucionais, até para possibilitar a implantação das propostas apresentadas neste trabalho.

Este é apenas o primeiro passo de uma longa caminhada. Toda caminhada se inicia com o primeiro passo. E mais. O primeiro passo é a metade de uma longa caminhada; logo, demos o primeiro passo que pode ser a metade de uma longa caminhada.

Discorrer sobre todos os temas e assuntos tornaria esta obra extremamente longa, o que poderia torná-la cansativa e desgastante.

Se a base da pirâmide não for ajustada, de nada adiantará apresentar, discutir, debater propostas de reformas. Tudo quanto for discutido, proposto, apresentado, a título de reforma ou revisão, com essa base da pirâmide existente, que se encontra deteriorada, não passará de pura demagogia e não se sustentará.

A base da pirâmide precisa ser sólida e bem estruturada e a proposta apresentada é apenas o pré-projeto que se apresenta para a construção da pirâmide.

Se o povo aceitar a ideia, se unir e se dispuser a colocar em prática as propostas aqui apresentadas, basta divulgá-las, conscientizando-se de que deverão elejer como seus representantes pessoas que se comprometam a defender estas propostas, "criando-se a bancada do povo"; assim essas mudanças poderão começar a ser defendidas, implantadas, executadas e os resultados naturalmente serão sentidos, dando-se início à reforma ou revolução democrática do bem.

Aguardando as críticas, sugestões e opiniões para aprofundar discussões sobre uma revisão geral dos demais temas que poderemos explorar, encerramos este trabalho com uma proposta de mudança, acreditando em um futuro melhor e convictos de que é possível mudar.

Impressão e Acabamento
Bartira
Gráfica
(011) 4393-2911